MANUEL

DES

AMATEURS DE L'ART,

Tome IV.

MANUEL

DES

CURIEUX ET DES AMATEURS DE L'ART,

contenant

une notice abrégée des principaux Graveurs, et un Catalogue raisonné de leurs meilleurs ouvrages; depuis le commencement de la Gravure jusques à nos jours:

Les Artistes rangés par ordre chronologique, et divisés par Ecole.

Par MICHEL HUBER.

TOME QUATRIEME,

renfermant la suite de l'Ecole Italienne.

A ZURIC,
chez ORELL, FÜSSLI ET COMPAGNIE.

1800.

Etienne de la Belle, Stefano della Bella, dessinateur et graveur à l'eau-forte, naquit à Florence en 1610. et mourut dans la même ville en 1664. après avoir travaillé la plupart de son tems à Paris. Son père, qui étoit orfèvre, lui fit apprendre la peinture sous Cesare Dandini; mais voyant le goût décidé de son fils pour la gravure, il le mit chez Canta-Gallina, dont il devint l'éleve, ainsi que Callot. Il imita d'abord la manière de celui-ci, mais il l'abandonna bientôt pour s'en faire une particulière. Personne n'a surpassé cet excellent artiste pour la finesse et la légereté de la pointe; sa touche libre, facile, savante et pittoresque, rend ses estampes si pleines de goût, d'esprit et d'effet, qu'il doit être regardé comme un modèle de perfection pour la gravure en petit. Ses têtes sont remplies de noblesse, d'un beau caractère, et ses figures sont généralement bien dessinées, à l'exception des pieds et des mains qui manquent quelquefois de correction. Il a gravé des sujets d'histoire, des batailles, des chasses, des paysages, des marines, des animaux et des ornemens d'un goût exquis. Quoique cette variété d'ouvrage prouve qu'il étoit doué de beaucoup d'imagination, on ne peut pas dire néanmoins qu'il eût le génie aussi fécond que Callot. Comme Callot étoit d'autant plus parfait qu'il réduisoit davantage la proportion de ses figures, il semble que la Belle gagnoit à augmenter la grandeur des siennes. Cet artiste étant retourné dans sa patrie, obtint une pension du Grand-Duc de Toscane, et fut choisi pour montrer le dessin à Cosme II. fils de ce prince. Vers les derniers tems de sa vie, il changea entièrement d'humeur. De gai qu'il étoit, il devint mélancolique et il n'eut plus que des idées lugubres. C'est dans cette disposition de l'ame qu'il finit sa carrière et qu'il grava les derniers morceaux qui sont les Morts qui enlevent les humains de tout âge. Son œuvre est composé de plu de 1400. pièces dont voici les principales.

A. Sujets divers.

1. Portrait d'Etienne de la Belle, ajusté à la Persienne, dessiné et gravé par lui même. In-12.
2. Sigismond Boldoni, Noble Milanois. In-8.
3. Mont-Joie St. Denis, Roi d'armes, et dans le lointain une pompe funèbre. In-8. très-rare.
4. Horace Gouzalez, Ovale entouré d'un cartel. In-4. très-rare.
5. Ferdinand II. Empereur des Romains. In-fol.
6. Bernardo Ricci à Cheval, surnommé il Tedeschiano, bouffon de Ferdinand II. 1637. In-fol.
7. St. Antonin, Archevêque de Florence, à genoux sur des nuages, première pièce de la Belle, gravée. In-8.
8. St. Antoine monté sur un monstre à deux têtes, une de femme et une d'homme, avec l'inscription : *Super aspidem & basiliscum ambulatis.* In-8.
9. Départ de Jacob de chez Laban, emmenant Rachel sa femme et tous ses bestiaux. In-8. en t.
10. Voyage de Jacob pour aller trouver Joseph en Egypte, avec ses troupeaux et toute sa famille. In-4.
11. Bataille des Amalécites; pièce in-4. en t.
12. Petit St. Jean-Baptiste debout dans un paysage, la main droite appuyée sur son mouton. In-4.
13. Autre St. Jean-Baptiste, dans un âge plus fait, un genou en terre, puisant de l'eau dans sa tasse. In-4.
14. La Vierge assise, tenant l'enfant Jésus posé sur ses genoux. Petite pièce.
15. La Vierge assise, tenant l'enfant Jésus debout sur ses genoux. Petite pièce en octogone.
16. La Vierge assise donnant le sein à l'Enfant; sur un fond blanc.

17. La Vierge et l'Enfant qui tette; derrière Ste. Elisabeth, et devant le petit St. Jean. Petit in-4.

18. La Vierge assise dans un fauteuil, tenant l'enfant Jésus nud debout sur ses genoux; ovale, petit in-4.

19. La Vierge assise, se pressant le sein pour faire tetter l'Enfant debout entre ses jambes. *Caracci inv.* In-4. en rond.

20. Petite Fuite en Egypte, où se voit la Vierge, l'Enfant dans ses bras et monté sur son âne que St. Joseph mène par la bride. Pièce in-12.

21. Autre Fuite en Egypte, dans un rond; en haut plusieurs têtes de Chérubins. In-4.

22. Repos dans la fuite en Egypte; pièce en rond, in 4.

23. Autre Repos dans la fuite en Egypte, où la Vierge tient l'Enfant sur ses genoux; plus loin St. Joseph lisant, appuyé contre un arbre. In-4. en t.

24. Sainte Famille, où se voit la Vierge avec l'Enfant, le petit St. Jean et Ste. Elisabeth, de plus un pot de fleurs. Petit in-4.

25. Le jeune Jésus expliquant les écritures à sa Mère et à St. Joseph; en haut Dieu le Père et le St. Esprit; pièce gravée à l'eau forte et terminée au burin; petit in-4. très rare.

26. *Effigie del glorioso Martyre Sto. Benedetto*; pièce très-rare.

27. L'Invention de l'image miraculeuse de Notre-Dame dell Imprunetta, près de Florence, 1633.

28. L'Eglise triomphante, revêtue d'une aube et couronnée de la thiare, un pied posé sur la terre et l'autre sur la mer.

29. St. Prosper, descendant du ciel en terre; petit in-fol. en t.

30. Le Tyran Phalaris, faisant mettre Périllus dans le taureau d'airain; d'après Polidore, 1634. In-fol. presque carré.

31. Bas-relief antique, où se voit une Femme qui se couvre le visage; d'après le même, p. in-fol. en t.

32. Lucrèce debout, d'après le Parmesan, petite pièce.

33. Trois Enfans portant au-dessus de leurs têtes un plateau sur lequel il y a trois verres, d'après le Guide; in-4. presque carré.

34. Bas-relief, où se voit une Femme debout, drapée à l'antique, s'efforçant d'arrêter un taureau.

35. Un Guerrier à cheval, galoppant avec une femme en croupe, ou Clovis enlevant Clotilde; pièce carrée dans une bordure d'ornemens, in-fol. rare.

36. Un Matelot debout, auquel un pauvre assis à terre demande l'aumône.

37. Un jeune Matelot à moitié couvert d'un manteau, assis sur un tertre, la main gauche sur la tête de son chien, et quelques autres figures; pièce dans le goût du lavis.

38. Un Enfant assis à terre apprenant à un jeune Chien à se tenir assis.

39. Quatre Turcs, à mi-corps, pièce in-4. en t.

40. Deux Turcs à mi-corps; plus loin un autre, avec un Nègre et un jeune Garçon en bonnet, de même.

41. Un Polonois debout, tenant de la main droite son marteau d'armes.

42. Un Soldat portant son fusil sur l'épaule et tenant une poule; devant lui une Femme à cheval avec un Enfant, et plus loin un Homme.

43. Le Florentin à la chasse, tenant son fusil sur le bras, devant lui une jeune Fille assise qui file; gr. in-4. en t.

44. La belle Chasseuse, tenant un chien en lesse; pièce d'une gravure singuliere, marquée deux fois: S. D. Bella, in-4.

45. Un grand Aigle, les aîles étendues, dévorant une Poule. Au dessous dans un rond deux Chevaux échappés, et une multitude de spectateurs, petit in-fol.

46. Le Mont Parnasse, gr. in-4. pièce distinguée.

47. Le Rocher des Philosophes. Gr. in-4. Belle et rare.

48. L'Eventail, représentant une fête sur l'Arno dans un cartel d'ornemens, pièce en ovale, longtems attribuée à Callot; in-fol. en t.

49. Vue perspective du Catafalque de l'Empereur Ferdinand II. et de la décoration intérieure de l'église, avec les armes des Médicis; in-fol.

50. Grande Thèse soutenue à Rome pour la canonisation de François Solanus, Cordelier, 1639. Gr. in-fol. Rare.

51. Plan du Siege de la Rochelle. *Stefano della Bella del. et fecit.* Gr. pièce en t.

52. Plan du Siege d'Arras, fait par le Cardinal de Richelieu. *Stefano della Bella inv. et fec.* Paris 1641. Gr. pièce en t.

53. Le Reposoir, ou la Fete-Dieu; pièce recommandable et difficile à trouver belle d'epreuve. Gr. in-fol. en t.

54. La Vue du Pont-neuf, dont les premières épreuves sont avant la girouette que l'on a ajoutée sur le clocher de S. Germain l'Auxerrois. Gr. pièce en t.

55. Vue du Château St. Ange, sur le devant de jolis grouppes. In-fol. en t.

B. *Suites diverses.*

1, 2. Deux jolis Paysages; dans l'un on voit un paysan qui porte sur son épaule un panier au bout d'un bâton, et dans l'autre un villageois qui porte un gros paquet sur sa tête; in-4. en t.

3. 4. Deux jolis Paysages, dans le goût de Sylvestre; l'un offre un homme qui mène des chiens dans un bois, l'autre un homme qui marche devant un cheval chargé de moutons, in-4. en t.

5—10. Six Vues du Port de Livourne, dans ses divers aspects. 1655. Gr. in-fol. en t.

11—14. Les quatre Saisons; quatre petites pièces contenant chacune une figure debout dans un Ovale, entouré d'un cartel.

15—18. Les quatre Elémens; quatre petites pièces de paysages et de marines, jolies Frises.

19. Huit Marines dans le goût de Callot, portant pour titre: *Divers Embarquemens faits par S. D. Bella*, dédiés à Laurent de Medicis; in-4. en t.

20—25. Six pièces de Vases d'un bon goût et d'une belle exécution; Frises, in-4.

26—31. Six jolis Paysages dans des ronds, ornés de bois, de cascades, de ruines, de figurines et de bestiaux 1656. In-4.

32—35. Quatre beaux Paysages: 1) Un pêcheur presque nud. 2) Une jeune fille avec un chapeau orné de plumes et montée sur un âne. 3) Une bergere à cheval. 4) Un berger à cheval à un abreuvoir. In-fol.

36—39. Quatre Vues de Ruines romaines: 1) L'Artiste dessinant le Vase de Médicis. 2) Le Temple d'Antonin le pieux. 3) L'Arc de Constantin. 4) Le Temple de la Concorde. In-fol.

40—42. Trois grandes pièces de guerre: 1) Combat naval devant l'île de Ré, 1622. 2) Descente des Anglois dans l'île de Ré, en 1627. 3) Défaite et prise du Général Lamboy, en 1641. avec le plan de la bataille.

Ces trois planches ont été dessinées et gravées par la Belle, pour le livre de Valdor: *Triomphes de Louis le juste.*

43—53. Onze pièces de Maures, de Hongrois, d'Asiatiques et d'Africains à cheval, dans des ronds, avec de beaux lointains, in-4.

54—69. Seize jolies petites pièces presque carrées, extrêmement rares, représentant des Enfans, des Gens de guerre, des Chasseurs, de Pêcheurs, des Paysans, &c. pièces attribuées par quelques uns à Callot.

70. Dix-huit pièces portant pour titre: *Raccolta di vari capricci, nuove invenzioni di Cartelli et Ornamenti, possi in luce dal Sign. Stefano della Bella*, 1646. de différente grandeur.

71. Vingt-quatre *Vues d'édifices et d'endroits publics, mises au jour par Israel Sylvestre*, en forme de Frises; in-fol.

Plus de la moitié de ces Vues de France et d'Italie sont gravées par la Belle, pour le fond de Sylvestre.

72. Vingt-deux pièces: *Divers griffonemens et épreuves à l'eau forte, faites par Stef. della Bella*, de différentes formes et grandeur.

Cette suite a été souvent imprimée et augmentée; les bonnes épreuves ne sont pas numérotées.

73—77. Les cinq Morts, dans des Ovales en hauteur et sur des fonds de paysages, enlevant les humains de tout âge, avec de beaux lointains; dernières pièces de la Belle, p. in-4.

78. La sixième Mort, jettant un jeune homme dans un puits; pièce commencée par la Belle, et finie par J. B. Galestrucci, son éleve, la Belle étant tombé mortellement malade, comme il travailloit à cette planche.

Antoine-François Lucini, dessinateur et graveur à l'eau forte, né à Florence vers 1610. Contemporain de la Belle, il travailla dans sa manière, et surtout dans celle de Callot. L'ouvrage le plus considérable que nous ayons de cet artiste, est une suite de seize feuilles qu'il grava en 1631. d'après les tableaux peints dans la grande salle du Palais de Malthe par Mattia Perez de Alesio, représentant les combats et les assauts des Turcs pendant le siege de cette ville en 1565.

Cette suite est très-rare.

Lucini a encore gravé d'après la Belle la pièce suivante :

Fête donnée à Pise sur l'Arno, pièce marquée: *Stefa. della Bella Inventor. Anton. Francesco Lucini fecit,* 1634. Gr. in-fol. en t.

François Cozza, peintre et graveur à la pointe, né à Istilo, dans le Royaume de Sicile, vers 1610. et mort à Rome en 1682. Après avoir appris les élémens de son art à

Palerme, il se rendit à Rome, où il se forma sous le Dominiquin, dont il devint un des meilleurs disciples. Il excelloit dans le genre historique, et peignoit à fresque et à l'huile. L'Abbé Titi cite de cet artiste douze tableaux publics.

Cozza a gravé d'une pointe très-spirituelle les morceaux suivans:

1. Le Repentir de Saint Pierre, pièce d'une exécution facile et d'un beau dessin, marquée: *Fra. Cozza inc. exc.* p. in-fol.

2. La Madeleine pénitente, reposant dans un paysage. *F. Cozzo fe.* p. in-fol. en t.

3. Cimon en prison, nourri du lait de sa fille, ou la Charité romaine, en demi-figures. *Fr. Cozza fe.* p. in-fol. en t.

I. PIETRE TESTA, LUCCHESINI, peintre et graveur à l'eau forte, naquit à Lucques en 1611. et périt dans le Tibre en 1648. Le vif penchant qu'il avoit pour tous les arts d'imitation fut son principal maître. Dès son entrée dans la carriere il eut à lutter contre la fortune; il vécut assez longtems dans un état misérable. Il se rendit à Rome avec quelques jeunes commençans dans le dessin et fréquenta d'abord l'école du Dominiquin, puis

celle de Pietre de Cortone. Sans relâche
il étudioit l'Antique: l'on prétend qu'il ne se
trouve gueres d'antiquités qu'il n'en ait pris le
dessin. Testa étoit d'un naturel timide et
mélancolique, ce qui nuisit à sa fortune.
Sandrard, qui étoit alors à Rome, le trouva
un jour sous des ruines dessinant un bas-relief; le voyant si mal équipé, il eut compas-
sion de son triste état, l'emmena chez lui et
l'équipa de pied en cap. Il l'employa à dessiner,
et le recommanda à d'autres maîtres. On voit
plusieurs de ses tableaux dans le lieu de sa
naissance. On remarque dans sa peinture beaucoup d'enthousiasme, de pratique et de facilité, mais aucune intelligence de clair obscur.
Le feu de son imagination, l'emportant au de
là des bornes de la vérité, lui faisoit exagérer
les caracteres et les attitudes de ses figures.
Cependant son tableau du Sacrifice d'I-
phigénie, conservé au Palais Spada, a
toujours été regardé comme un morceau de peinture qui mérite l'attention des connoisseurs.
Mais en général on estime plus ses dessins que
ses tableaux. On désireroit seulement plus de
correction dans ses contours, des figures mieux

raisonnées, et des expressions plus belles dans plusieurs de ses airs de têtes, surtout dans quelques uns de ses figures de femmes. Les figures dans lesquelles il réussissoit singulièrement, étoient celles des enfans.

Les estampes de Testa, malgré les défauts qui s'y trouvent, sont en haute estime auprès des vrais connoisseurs. D'ordinaire il y entasse tant d'idées incohérentes que bien souvent il est difficile de deviner sa pensée. Dans la plupart de ses compositions il règne un enthousiasme qui feroit juger que son imagination n'étoit pas toujours bien réglée. Quoiqu'il en soit, parmi les estampes gravées par des peintres, il en est peu que l'artiste puisse étudier avec plus de fruits. M. Mariette possédoit de ce maître 92. pièces.

Testa marquoit ses estampes, tantôt de son nom, tantôt de son chiffre : **P.**

1. Le Sacrifice d'Abraham. *P. Testa fec.* In-fol.
2. Sainte Famille dans un paysage, avec des Anges qui apportent des rafraîchissemens à l'enfant Jésus, petit in-fol. en t.
3. La Vierge avec l'enfant Jésus qui embrasse la croix tenue par des Anges. Gr. in-fol.

4. L'Ado-

4. L'Adoration des Rois, petit in-fol.
5. Un Christ en croix entre les deux Larrons, gravé en 1621. Gr. in-fol.
6. L'Histoire de l'Enfant prodigue, en 4 pièces.
7. Le Martyre de St. Erasme. *S. Erasme ora pro nobis.* In-fol.
8. St. Jérôme en prières. In-fol.
9. St. Roch et deux Evêques, invoquant la Vierge et l'enfant Jésus pour la cessation de la peste. In-fol.
10. Le Sacrifice de Camma, Dame de Galatie, qui, après avoir bu dans une coupe empoisonnée aux cérémonies de son mariage avec Sinorix, assassin de Sinatus son premier mari, la présente au meurtrier et l'empoisonne lui-même. Gr. in-fol. en t.
11. Thétis fait plonger Achille en naissant dans les eaux du Styx. *P. Testa fecit.* Gr. in fol. en t.
12. Achille traîne le corps d'Hector attaché à son char autour des murs de Troie. *P. Testa aquafortis.* Gr. in-fol. en t.
13. Socrate, à table avec ses amis, disserte sur l'amour. *P. Testa.* 1648. In-fol. en t.
14. Caton se donne la mort en s'arrachant les entrailles. *P. Testa.* 1648. Gr. in-fol. en t.
15. Sacrifice d'Iphigénie, belle composition. *P. Testa pinx. & fc.* Gr. in-fol. en t.
16. Estampe allégorique, à la gloire du Pape Innocent X. avec son médaillon en ovale sur un monument. *P. Testa.* Gr. pièce en t.
17. Etude de la Peinture. Avec une Dédicace au Cardinal Franciotti. *P. Testa fec.* In-fol. en t.
18. Le Lycée de la Peinture. *Il Liceo della Pittura.* Avec une description et une dédicace. Gr. pièce en t.

18   J. C. Testa. J. Carpioni.

19. Les Passions exprimées, le Mérite récompensé, et le Parnasse triomphant. Allégorie. Gr. p. en t.
20. Le Triomphe de Bacchus, grande Bacchanale. Tr. gr. p. en t.
21. Le Triomphe de l'Amour, sous l'influence des saisons. Allégorie. Tr. gr. p. en t.

II. JEAN-CESAR TESTA, dessinateur et graveur à l'eau-forte, né à Rome vers 1636. Il passe pour le neveu de Pietre Testa, dont il a parfaitement bien saisi le goût de gravure. On ne connoit gueres de lui que les pièces suivantes:

1. *Petrus Testa Lucensis, Pictor ac Incisor celeberrimus. Cesar Testa sc.* In-4.
2. Didon mourante sur le bucher, et Iris lui arrachant le cheveu fatal. *P. Testa inv. G. Cef. Testa incid.* Gr. in-fol. en t.
3. Le Centaure Chiron enseigne à Achille à toucher la lyre, et à lancer le javelot. *P. Testa inventor. Gio. Cef. Testa incid.* Gr. in-fol. en t.
4. L'Empereur Titus consulte le Prophète Basilides sur son expédition contre Jérusalem. D'après le tableau de P. Testa de St. Martin du Mont à Rome. *C. Testa sc.* Gr. in-fol. en t.
5. La dernière Communion de St. Jérôme, d'après le Dominiquin, fameux tableau de Rome, gravé pareillement par Farjat et par Frey. Tr. gr. pièce. Rare.

JULES CARPIONI, peintre et graveur à l'eau forte, né à Vénise en 1611, et mort à Vé-

J. CARPIONI.

ronne en 1674. Après avoir appris les principes du dessin et de la peinture d'Aléxandre Varotari, il acquit en peu de tems la réputation de dessinateur habile et de peintre gracieux. Il réussissoit à peindre de petits tableaux, dans lesquels il représentoit des Songes, des Sacrifices, des Bacchanales, des Triomphes et des Jeux d'Enfans, sujets de fantaisie où l'on trouve de belles idées et une exécution piquante. Ses tableaux, pour la plupart d'un beau coloris, sont très-recherchés. Une Chûte d'Anges, morceau qu'on voit dans l'église de St. Michel à Venise, est composé avec beaucoup de feu, et dessiné d'un grand caractere. Son pinceau est moëlleux, mais ses ombres sont un peu noires. Ce maître a travaillé à Plaisance, à Véronne et à Vicence.

Carpioni a gravé d'après son dessin un assez bon nombre d'eaux fortes d'une pointe facile et savante. Ses estampes ont quelque ressemblance avec celles du Guide; mais les parties nues de ses figures sont moins correctes et les extrémités plus mollement rendues. On remarque dans presque toutes ses compositions un air de décence et de douceur, et cela jusque dans ses Bacchanales.

1. La Vierge assise avec l'enfant Jésus, et St. Joseph debout, in-4.
2. La Vierge assise avec l'enfant Jésus, à qui St. Jean baise les pieds, in-4.
3. La Vierge agenouillée, tenant l'enfant Jésus sur la crèche, adoré par un petit ange, in-4.
4. La Vierge au Rosaire debout dans les airs, tenant l'enfant Jésus, entouré d'Anges, in-4.
5. Un Christ sur la montagne des Olives, sans le nom de l'artiste, gr. in-4.
6. La Madeleine pénitente et en prières devant un Crucifix, gr. in-4.
7. St. Jérôme à genoux, et dans les airs trois têtes de Chérubins. Gr. in-4.
8. St. Antoine de Padoue à genoux devant l'enfant Jésus, qui est dans les airs, entouré d'Anges, in-fol.
9. Une Nymphe, couchée à terre, représentant la Modération, à qui un Amour bande les yeux.
10—13. Les quatre Elémens; sur celui de la Terre on lit: *Giulio Carpioni.* Ven. quatre pièces gr. in-4.
14. Bacchanale, où l'on voit quatre enfans qui dansent; pièce en forme de frise.
15. Autre Bacchanale, où l'on voit un enfant couché à terre; pièce en forme de frise.
16. Un Enfant qui court, pour attraper une mouche, sans le nom de l'artiste, in-4.

Bossi, Monaco, Léonardis, Mechau, ont gravé d'après Carpioni.

H. GEMINIANI.

HIACYNTHE GEMINIANI, ou GIMINIANI, peintre et graveur à l'eau forte, né à Pistoye en 1611. et mort dans sa patrie en 1681. Il étudia à Rome, sous Nicolas Poussin et fut un des derniers disciples de Pietre de Cortone. On range parmi les meilleurs morceaux de ce maître la Vierge qui apparoît à Ste. Rose de Lima, tableau peint en 1670. qui se trouve à Tolede dans l'église des Religieuses nommées Gaitanas. — Hiacynte eut un fils, Joseph Géminiani, de qui les tableaux ornent plusieurs églises de cette ville.

D'habiles graveurs ont travaillé d'après ce maître, tels que Bloemart, Roullet, Spierre, Capitelli, Bartoli, Farjat, Caylus &c.

Hiacynthe a gravé un petit nombre de morceaux à l'eau forte, entre autre :

1. Une suite de 12. petites pièces, représentant des Jeux d'Enfans, in-4. en t.

2. La Reine Cléopâtre à table avec Marc-Antoine, fait fondre une perle précieuse, in-fol.

3. La Reine Sémiramis, les cheveux en désordre, courant appaiser une révolte, avec cette inscription : *Semiramis jurat non nisi devicto hoste religaturam capil-*

los. Jacinto Gemigniani de Pistoie, dipinse et intagl. in-fol. en t.

JEAN-BAPTISTE BOLOGNINI, peintre et graveur à l'eau forte, né à Bologne en 1611, et mort dans la même ville en 1688. Bolognini fut un des meilleurs élèves du Guide et suivit constamment la manière de son maître. Il composoit ses sujets historiques d'après des principes solides, et peignoit d'un pinceau facile, sachant mieux rompre ses couleurs que son maître : c'est ce qu'on remarque à une trentaine de tableaux répandus dans les églises de Bologne et d'autres endroits en Italie. Nous avons de sa main plusieurs eaux-fortes estimées d'après les compositions du Guide, dont les principales sont les suivantes :

1. Le Massacre des Innocens, d'après le tableau du Guide de l'église de St. Dominique à Bologne. in-fol.
2. St. Pierre établi chef de l'Eglise, sujet peint dans le Dôme de Fano; in-fol.
3. Le Crucifix des Peres Capucins de Bologne, où se voit St. Jean, avec les deux Maries au pied de la croix, in-fol.
4. Bacchus rencontrant Ariane abandonnée; grande pièce en trois planches en t.

FRERE BONAVENTURE BISI, peintre en miniature et graveur à l'eau-forte, né à Bologne vers 1612, et mort dans la même ville en 1662. Il étoit Religieux de l'Ordre de St. François et apprit les élémens de l'art de Lucio Masari. Il excelloit à peindre en miniature d'après le Guide et d'autres maîtres. L'élégance et l'agrément qu'il répandoit sur ces petits tableaux lui ont fait donner le surnom de *Padre Pittorino*. Il travailla pour plusieurs personnes de distinction, particulièrement pour le Duc de Modene. Il a gravé plusieurs morceaux d'après le Guide, le Parmesan, Vasari, etc. La pièce suivante, sans doute de sa composition, est marquée ainsi :

Une Sainte Famille, avec St. Jean et Ste. Elisabeth. F. B. B. 634. In-fol.

GASPRE DUGHET, dit le POUSSIN, connu en France sous le nom du Gaspre, peintre et graveur à l'eau-forte, naquit à Rome en 1613, et mourut dans la même ville en 1675. Fils d'un Parisien, qui étoit venu s'établir à Rome avec sa famille, il avoit été mis chez le célèbre Poussin, avec Jean son frère, pour qu'ils apprissent la peinture. Le maître, qui avoit épousé la sœur de ses élèves, reconnut de bonne heure les dispositions de l'aîné pour le paysage, et lui conseilla de se consacrer tout entier à ce genre que la nature lui avoit assigné. Il eut d'abord quelque sécheresse dans sa manière; mais quand il eut observé les ouvrages de Claude Lorrain, il se fit une manière vague et agréable. Ses sites sont beaux et bien dégradés, son pinceau est facile et ragoûtant. Il donnoit la vie au paysage en y faisant sentir les effets des orages et des vents, et prêtoit ainsi le mouvement à la nature inanimée. Nicolas venoit souvent voir son beau-frere; alors il s'amusoit quelquefois à peindre des figures dans quelques-uns de ses paysages. Le Gaspre étoit un des ces peintres expéditifs, dont l'histoire fait mention. On dit qu'il lui arriva plus d'une fois, de peindre un tableau en un jour.

Nous avons de sa main plusieurs paysages, exécutés d'une pointe spirituelle et savante. Ses eaux fortes sont au nombre de huit; sur deux il s'est nommé: *Gasparo Duche inv. sc. Romae*; sur les autres il s'est désigné ainsi: G. D. S. *Gasp. Dughet sculpsit.*

1. Suite de quatre jolis Paysages en rond. Petit in-fol.
2. Autre suite de quatre jolis Paysages, en travers, in-fol.

On a beaucoup gravé, sur-tout en Angleterre, d'après cet habile paysagiste, et les graveurs sont: Vivarès, Brown, Major, Mason, Cannot, Pond, Woollet, Cunego, Hackert, Mathieu &c.

II. JEAN DUGHET, graveur à la pointe et au burin, né à Rome vers 1614. et mort dans la même ville. Frere cadet du précédent, il jouit des mêmes avantages que son aîné, ayant eu le célèbre Poussin pour maître. Ne se sentant pas les mêmes talens, il renonça à la peinture et s'appliqua uniquement à la gravure. Les pièces les plus considérables, qu'il ait gravées à Rome, sont toutes d'après les tableaux de son beau-frere: ce sont les originaux qui donnent du lustre à ces copies.

1—7. Sept Sacremens, d'après les tableaux que le Poussin avoit peints à Rome pour le Commandeur del Pozzo, et qui sont différens de ceux du Palais royal; grandes pièces en travers, copiées en un moindre format par L. Chatillon.

8. Le Jugement de Salomon. Tableau du ci-devant Cabinet du Roi de France. Gr. piece en t.

9. La Naissance de Bacchus, gr. p. en t.
10. Le Mont Parnasse, gr. p. en t.

SALVATOR ROSA, peintre et graveur à l'eau forte, né à Renella dans les environs de Naples en 1615. et mort à Rome en 1673. Il reçut les premieres instructions dans l'art de son beau-frere, Francesco Francasano, passa ensuite à l'école de Joseph Ribera, puis à celle d'Angelus Falcone. Il travailla longtems à Rome, où il étudia avec assiduité les peintres anciens et modernes. Salvator peignit des Batailles, des Paysages et des Marines; cependant on trouve aussi dans les églises de Rome cinq tableaux d'autel de sa main. A la fin il s'en tint au paysage et devint un des plus grands paysagistes qu'ait produit l'Italie. Il choisit ses sites, où la nature opère, non pas avec le plus d'ordre, mais avec le plus de force: Les déserts, les contrées agrestes, où jamais on ne trouve l'impression des pieds d'un homme. Sa touche est facile, le feuiller de ses arbres est de bon goût. Il travalloit avec tant de prestesse, que souvent, comme Jordane, et le Gaspre, il commençoit et finissoit un tableau en un jour.

S. ROSA.

On remarque dans ses ouvrages un génie bizarre, des figures gigantesques et de l'incorrection dans le dessin. — Salvator étoit un homme enjoué et de beaucoup d'esprit; il a écrit des satyres et des épigrammes, pleines de saillies piquantes. On a de sa main 84. estampes, gravées à l'eau forte avec beaucoup d'esprit, quoiqu'avec un peu de maigreur. Le grand caractere des têtes et la vivacité de l'expression animent presque toutes ses productions. Il marquoit ordinairement ses estampes d'un S. et d'un R. joint ensemble

1. Un livre de différens Habillemens militaires, de Soldats, de Bandits et autres figures, seules et en grouppes, 60. feuilles y compris le titre, in-8.
2. Six feuilles, représentant des Tritons, des Fleuves, et des Najades, en forme de frises.

Sept pièces en hauteur, in-fol. Savoir:

3. Apollon et une Nymphe.
4. Glaucus et Sylla.
5. Saint Guillaume faisant pénitence.
6. Le même sujet.
7. Jason domptant le dragon.
8. Cérès enseignant à Phytale la culture du figuier.
9. Un Homme en cuirasse et endormi, la tête appuyée sur son bouclier.

B. CASTIGLIONE.

Sept pièces de même gr. in-fol.

10. Platon dans les jardins d'Académus, discourant avec ses disciples.
11. Diogène jette sa tasse, comme meuble inutile, en voyant boire un jeune garçon dans le creux de sa main.
12. Aléxandre visitant Diogène, assis à l'entrée de son tonneau aux portes de Corinthe.
13. Aléxandre décidant sur l'art de la peinture dans l'attelier d'Apelle.
14. Démocrite méditant sur les folies humaines, assis auprès d'un monument.
15. Le Génie de Salvator Rosa, Allégorie.
16. Académie des Philosophes: *Ingenius liber pictor.*
17. Le petit Oedipe trouvé sur le mont Cithéron attaché par le talon à un arbre, très-gr. pièce.
18. Jupiter, du haut de l'Olympe précipite les Géants, de même grandeur.
19. Régulus enfermé par les Carthaginois dans un tonneau garni intérieurement de clouds. Gr. pièce en t.
20. Polycrate, Roi de Samos, subit le supplice de la croix; de même grandeur.

Les pièces qu'on a gravées d'après Salvator, tant en Italie, qu'en France, en Angleterre et en Allemagne, montent à environ 200. estampes.

JEAN-BENOIT CASTIGLIONE, en France nommé le Benedette et en Italie il Grechetto, peintre et graveur à l'eau-forte, naquit à Gènes en 1616. et mourut à Mantoue en 1670. Après avoir appris les élémens de la peinture de Jean-Baptiste Paggi et d'André Ferrari, il eut l'avantage de recevoir les conseils de van Dyck, pendant le séjour que celui-ci fit à Gênes, lors de son voyage en Italie. Son application à étudier les grands maîtres, le porta à voir Rome, Naples, Florence, Parme, Venise et Mantoue, où il se fixa. Le Benedette peignoit le portrait et l'histoire ; il excelloit à représenter des foires, des pastorales et des animaux. L'on remarque dans ses ouvrages une touche libre et pittoresque, avec une grande intelligence du clair-obscur.

Ce peintre a gravé à l'eau-forte une cinquantaine d'estampes remplies de goût et d'esprit, et dont la partie du clair-obscur n'est pas moins bien entendue que dans ses tableaux. On peut le comparer à la Belle, à Rembrandt et à tous ceux qui ont mis le plus d'esprit dans le travail de l'eau forte. Son chiffre est ℟.

Le Génie de Benedette Castiglione. *Genius Joan. Benedicti Castilionis*; pièce in-fol. servant de frontispice à ses gravures.

2. Le Portrait d'Agostino Mascardi. P. in-4.

3. Portrait d'Antonio Pignolesale; de même.

4—19. Suite de différentes petites Têtes, seize pièces, parmi lesquelles se trouve aussi le Portrait de l'Artiste.

20—25. Suite de six moyennes Têtes, dont la dernière est son Portrait.

26. 27. Deux feuilles in-8. avec quelques Têtes d'Hommes et d'Animaux.

28. Noé et ses enfans, rassemblant les animaux. In-fol. en t.

29. Noé faisant entrer les Animaux dans l'arche. In-fol.

30. Le Départ de Jacob; sur le devant des animaux et des ustenciles. In-fol. en t.

31. Rachel cachant les idoles de son pere. In-fol. en t.

32. Tobie faisant ensevelir les morts, effet de nuit. In-fol. en t.

33. Tobie qui ensevelit les morts; pièce anonyme; petit in-fol. en clair-obscur.

34. Nativité de notre Seigneur, où l'enfant Jésus est adoré par des Anges. In-fol. en t.

35. Les Bergers adorant l'enfant Jésus. In-fol. en t.

36. L'Ange apparoissant à St. Joseph en songe, in-fol. en t.

37. Fuite en Egypte, p. in-fol.

38. La Résurrection du Lazare, p. in-fol. en t.

39. Saint Roch, en profil, et derrière lui la tête de son chien, pièce anonyme, p. in-fol.

40. La Mélancolie, ayant sur ses genoux un livre et une tête de mort, p. in-fol.

41. Autre Mélancolie, tenant un petit bâton de la main gauche, p. in-fol.

42. L'Invention des Corps de St. Pierre et de

B. CASTIGLIONE.

St. Paul, où l'on voit plusieurs hommes, dont l'un porte un flambeau; effet de nuit, in-fol.

43. Quatre Savans, visitant des tombeaux à la clarté d'un flambeau. *Temporalis aeternitas* 1648. effet de nuit, in-fol.

44. Une femme, appuyée sur un enfant, fait ouvrir un tombeau; ou Circé, cherchant les armes d'Achille, in-fol.

45. Un homme ramassant des pièces d'armures, et un autre lisant une inscription sur un tombeau, 1655. in-fol.

46. Un homme qui pousse une barque, dans laquelle est une vache et quelques moutons; pièce anonyme, p. in-fol. en t.

47. Diogène avec sa lanterne, in-fol. en t.

48. Pan instruisant Apollon à jouer de la flûte; petite frise.

49. Silene avec sa flûte, et une bergere qui joue du tympanon, de même.

50. Combat des Dieux marins; de même.

51. Silene ivre, avec trois Satyres.

52. Bachanale, où l'on voit un Satyre sur le piédestal de Priape.

53. Querelle d'une Femme qui bat un petit garçon.

54. Menagerie de Poules, de Coqs d'Indes et de Canards.

55. Paysage. *Gio Benedette Castiglione. Gen. fec.* 1658.

56. Paysage en forme de frise. *Castiglione fic.*

57. Un jeune Berger conduisant un troupeau au bord d'une rivière.

58. Des Bergers, l'un à cheval, l'autre à pied, marchant à la suite de leurs troupeaux.

59. Un Capucin, dont le capuchon est marqué d'un T. découvrant le corps de St. Jérôme. In-fol. Anonyme.

60—70. Onze petites planches en forme de Vignettes, de différente grandeur, retouchées à la pointe séche.

On a beaucoup gravé d'après le Castiglione, tant en France qu'en Angleterre, dont on trouvera les pièces aux articles des graveurs.

CARLO SACCHI, peintre et graveur à l'eau-forte, né à Pavie en 1616. et mort dans sa patrie en 1706. Après avoir appris les élémens de son art dans sa ville natale d'un peintre nommé Rosso, il se rendit à Rome, puis à Venise, et revint habile artiste à Pavie. Ses tableaux historiques étoient faciles et pures de composition. Parvenu à un haut âge, il a orné de ses ouvrages les églises et les palais du lieu de sa naissance, et il a aussi beaucoup travaillé pour les amateurs étrangers. Carlo Sacchi est connu par quelques estampes à l'eau-forte, dont voici les principales:

1. La Naissance de Jésus-Christ, d'après le Tintoret. Gr. in-fol.
2. L'Adoration des Rois, d'après Paul Véronese. Gr. in.fol.

LOUIS, ou ALOYSIUS SCARAMUCCIA, dit le PERUGIN, peintre et graveur à l'eau-forte, naquit à Péruse en 1616. et mourut à Milan en en 1680. Il apprit les élémens de son art de son père, Jean-Antoine, peintre d'histoire de Péruse, et fréquenta quelque tems l'école du Guide. Il imitoit quelquefois le Guerchin pour le coloris. Scaramuccia eut envie de parcourir l'Italie pour voir les ouvrages des plus célèbres artistes. Sous le nom de Girupeno, qui est l'anagramme de Perugino, il écrivit un livre intitulé : *Finezze de i Pennelli italiani.* Ses meilleurs ouvrages de peinture se voient à Pérouse, à Pavie, à Bologne et sur-tout à Milan.

Il a gravé à l'eau-forte plusieurs planches, exécutées dans un brut pittoresque qui ressemble aux tailles de bois. Les estampes de ce maître, quoiqu'elles flattent peu l'œil, sont recherchées des connoisseurs.

1. Le Couronnement d'épines composé de six figures, d'après le Titien. In-fol.
2. St. Benoit commandant au diable d'abandonner une grosse pierre immobile, destinée à la construction d'une église; d'après L. Carrache. Gr. in-fol.

La même composition se trouve aussi parmi les estampes que Giovanini a gravées d'après les peintures de St. Michel in Bosco.

3. Vénus et Adonis, d'après Ann. Carrache. *L. Caramuccia da Perugino* 1655. In-fol. presque carrée.

B. Capitelli.

Bernardin Capitelli, peintre et graveur à la pointe et au burin, né à Sienne vers 1617. Il apprit les élémens de la peinture en l'école d'Aléxandre Casolani, et après la mort de celui-ci en celle de Rutilius Manetti. Capitelli est moins connu dans l'art comme peintre, que comme graveur; aussi finit-il par ne plus pratiquer que la gravure. On a de sa main plusieurs estampes, tant de sa composition que d'après d'autres maîtres, gravées à l'eau-forte et retouché au burin.

Il marquoit ses pièces de son nom, ou des lettres initiales B. C. F.

1. Portrait d'Aléxandre Casolani. *B. Capitelli fec.* In-8.
2. St. Antoine de Padoue et ses miracles, en différens compartimens. *B. Capitelli fec.* 1637. In-fol.
3. Mariage de Ste. Cathérine, figures entières, d'après le Correge. In-fol.

Ce sujet du Correge a été gravé seize fois, et ce n'est pas Capitelli qui en ait donné la meilleure estampe. V. le Dictionnaire de Heinecke à l'article Correge.

4. Repos en Egypte, où la Vierge assise donne à boire à l'enfant Jésus, d'après Rutilio Manetti. In-4.

5. Cérès buvant dans la cabane d'une Vieille, d'après Elsheimer. P. in-fol.

La même pièce qu'a gravée le Comte Goudt. P. in-fol.

6. La Vie de St. Bernard de Sienne, suite de douze pièces avec le titre: *Bernardus Capitellius Senensis*. In-4. en t.

7. Suite de Frises et de Bas-reliefs, d'après les marbres antiques, parmi lesquels on trouve l'Enlevement de Proserpine, le Mariage d'Aldobrandini et la Marche triomphale de l'Empereur Titus. Gr. in-fol. en t.

JACQUES PICCINI, ou PICINI, graveur à l'eau-forte et au burin, né à Venise vers 1617. On ignore de qui il apprit la gravure. Il opéroit dans un style sans beaucoup d'agrément et avec assez peu d'effet. Son frère Guillaume, aussi graveur à Venise, a gravé à l'eau-forte une Mère de pitié, d'après Rubens, et sa fille, Isabelle, Religieuse de l'Ordre de St. François, a gravé les portraits des Princes et des Hommes célèbres d'Italie pour le *Conchilia celeste*, de J. B. Fabri. Jacques, sur quelques-unes de ses estampes, se donne le titre de graveur du Roi de France. Ce qu'il a fait de plus considérable ce sont les Portraits des principaux peintres Vénitiens, à la tête de leurs vies, par Carlo Ridolfi, ouvrage publié à Venise en 1648. et la plupart des planches pour un livre intitulé: *Le Glorie degli Incogniti.*

1. Portrait d'Aléxandre Farnese. In fol.
2. Diogène, couché à l'entrée de son tonneau avec sa lanterne, a enfin trouvé son homme, d'après P. Liberi. *Jac. Picinus sc. Venet.* 1652. In-fol.
3. Une Ste. Famille, d'après le même. In-fol.
4. Une Judith, ayant sous ses pieds la tête d'Holoferne, d'après le Titien. In-fol.
5. Sainte Famille dans un paysage d'après le même. In-fol.

JEAN-BAPTISTE GALESTRUZZI, peintre, dessinateur, et graveur à l'eau forte, né à Florence en 1618. Il apprit les élémens de la peinture de François Furini et fut reçu membre de l'Académie de St. Luc a Rome en 1652. Quant à ses ouvrages de peinture, on voit de sa main deux grands tableaux dans le Palais Salviati à Rome. Mais c'est principalement par le maniement agréable et savant de sa pointe qu'il mérite d'être remarqué. Il fut en quelque sorte l'éleve de la Belle, et après sa mort il acheva quelques unes de ses ouvrages. Sa gravure a quelque ressemblance avec celle de son maître, mais encore davantage avec celle de Podesta. On a de sa main un grand nombre de pièces dont Jean-Jacques Rossi a donné un Catalogue. Un de ses ouvrages le plus considérable est une suite de Pierres gravées antiques qu'il a dessinées et gravées, et qui ont paru, accompagnées des explications de Léonard Agostini, à Rome en 1657. et 1659. in-4.

1. Diverses suites de Bas-reliefs et de Frises, d'après Polidore de Caravage, et qui ont paru sous le titre: *Opere di Polidoro da Caravaggio.* 1658.
2. Jean-Baptiste en prison, d'après Batista Ricci. In-4.
3. Pâris reçoit sa pomme d'or de Mercure, d'après Ann. Carrache. in-4.
4. Le Mausolée pour les funérailles du Cardinal de Mazarin, six pièces, d'après l'Abbé Elpidius Bénédictus, gravées en 1661. In-fol.

JEAN-FRANÇOIS VENTURINI, dessinateur et graveur à la pointe et au burin, né à Rome vers 1619. Il a beaucoup travaillé dans le lieu de sa naissance et à Florence. A juger de son goût de gravure, il étoit disciple de J. B. Galestruzzi, d'après les dessins duquel il a exécuté, dans un bon style, un bon nombre d'estampes.

J. B. BONACINA.

1. La Chaire de St Pierre, d'après le Bernin. In-fol.
2. Plusieurs sujets d'après Polidore de Caravage, sur les dessins de Galestruzzi. In-4.
3. Les Fontaines de Tivoli, de Frascati, &c. faisant suite avec celles de Rome gravées par Falda. In-fol. en t.
4. Fête de chasse donnée par Diane à ses Nymphes, daprès le Dominiquin. Dédicace au Card. Giac. Rospigliosi. Gr. in-fol. en t.

Le même sujet vient d'être très-bien gravé par R. Morghen.

Jean-Baptiste Bonacina, graveur au burin, né à Milan vers 1620. Il a travaillé dans sa patrie et à Rome vers 1650. Ses estampes, gravé dans un style assez net, mais un peu sec, prouvent qu'il n'est pas parvenu à une grande supériorité de talens. Vue la propreté de son burin, on peut présumer qu'il a fréquenté l'école de Corneille Bloemaert.

1. Portrait du Pape Clément IX. In-fol.
2. Portrait de Guido Visconti. In-fol.
3. Portrait d'Ermes Visconti. In-fol.
4. Portrait de Jean-Baptiste, Comte Truchi. In-fol.
5. L'Alliance de Jacob et de Laban, d'après Pietre de Cortone. In-fol.
6. Ste Martine agenouillée, tenant d'un main une fourchette et de l'autre une tige de lys, qu'elle présente à l'enfant Jésus, sur les genoux de la Vierge qui est

dans les nues; d'après le même, gr. in-fol. et pièce capitale de l'artiste.
7. Sainte Famille, avec St. Jean, Ste. Catherine, &c. d'après André del Sarto. In-fol.
8. Médaillon, avec le portrait du Pape Alexandre VII. et une explication, d'après le Bernin. In-fol.

FLAMINIO TORRE, peintre et graveur à l'eau forte, né à Bologne en 1621. et mort à Modène en 1661. Il apprit les principes de son art du Cavedone, et acheva de se perfectionner à l'école du Guide, qu'il quitta pourtant pour entrer en celle de Cantarini. Il excelloit à copier les tableaux de ses maîtres, mais il peignoit aussi avec succès plusieurs sujets de sa composition. Il a gravé plusieurs eaux fortes dans le style des peintres et il avoit dessiné à Bologne la Galerie peinte par les Carraches dans le Palais des Comtes Fava, dans l'intention de la graver, lorsqu'il mourut à Modène où il venoit d'être appellé par le Duc. Mitelli ayant fait l'acquisition de ces dessins, les grava dans sa manière.
1. La Vierge avec l'enfant Jésus sur un croissant entre St. Jérôme et St. François, d'après L. Carrache. In-fol.

2. Le Dieu Pan vaincu par Cupidon, d'après Aug. Carrache. In-4.

3. Les Saints Patrons de la ville de Bologne, d'après le Guide. Gr. in-fol.

I. PIERRE-FRANÇOIS MOLA, ou le MOLE peintre et graveur à l'eau forte, naquit à Goldre ou Golderie, village aux frontières du Milanez en 1621. et mourut subitement à Rome en 1665. Ce peintre, quoique natif de Suisse, est rangé dans l'Ecole Lombarde. Son pere, qui étoit peintre et architecte, seconda les dispositions naissantes de son fils. Il le mena à Rome et le plaça dans l'école du Josépin; mais comme celui-ci fut obligé, par ordre d'Urbain VIII. de se rendre à Bologne pour fortifier Castello Franco, il le retira de ses mains pour le mettre entre celles de l'Albane. Au bout de quelque tems le Mola passa à Venise pour voir le Guerchin et pour étudier sa manière de peindre. Il la trouva si vigoureuse et si conforme à son imagination, qu'il se forma un goût particulier de son style, ainsi que des ouvrages du Bassan et du Titien. Ses progrès furent tels qu'il excita la jalousie du Guerchin;

pour éviter tout ombrage, il retourna à Rome où il acquit une grande réputation par le goût de peinture qu'il avoit apporté de Venise. Il travailla beaucoup pour la cour de Rome. Les Papes Innocent X. et Aléxandre VII. furent ses grands protecteurs; la Reine Christine, pour qui il fit plusieurs tableaux, lui payoit une forte pension. Jeune encore, Mola se vit comblé de gloire et de biens. Louis XIV. l'appella en France, et il alloit se rendre à l'invitation de ce prince, lorsqu'il mourut subitement à l'âge de 45. ans, à la suite d'une altercation qu'il eût avec le Prince Pamfili au sujet du payement d'un plafond. Il lui prit soudain un si violent mal de tête qu'il expira au bout de six heures. Mola a beaucoup peint à l'huile et à fresque; les églises et les palais de Rome sont remplis de ses tableaux et de ses plafonds. Il fut le chef de l'Académie de St. Luc; son génie étoit fécond et vif; grand dessinateur, il étoit encore plus grand coloriste, quoique souvent un peu noir.

Mola mérite une place distinguée parmi les peintres qui ont gravé à l'eau forte. Le petit nombre d'estampes que nous avons de sa main, sont exécutées d'une pointe facile et spirituelle.

1. La Vierge donnant le sein à l'enfant Jésus; petite pièce de son dessin.

2. Une Sainte Famille avec des Anges. In-fol.

Cette planche avoit été commencée à la pointe et finie par une main mal habile au burin dans un style dur et sans goût.

3. Joseph se découvrant à ses freres en Egypte, pièce qu'on attribue aussi à Carle Maratte. Gr. in-fol. en-t.

4. Une Sainte Famille, où deux Anges à genoux présentent des fleurs à l'enfant Jésus; d'après l'Albane. In-fol.

Les graveurs les plus distingués du Mola sont: P. S. Bartholi, F. Spièrre, Ed. Jeaurat, J. Ph. le Bas &c.

II. JEAN-BAPTISTE MOLA, peintre et graveur à l'eau forte, natif de Goldre vers 1622. Les circonstances de la vie de ce peintre sont assez embrouillées. Quelques uns le disent François sans donner accune preuve de cette opinion; il en est même qui avancent qu'il fréquenta l'école de Vouet. J. C. Fuefsli, qui a décrit les Vies des deux Mola, croit s'approcher davantage de la vérité en disant que Jean-Baptiste étoit frere de Pierre-François. Ils furent tous deux disciples de l'Albane; tous deux peignoient parfaitement bien le paysage : ce qui les distingue ce sont les figures. Celles de Baptiste sont maîgres et dures; il imitoit l'Albane, mais sans la richesse du pinceau de son maître; celles qui sont dessinées dans le goût des Carraches, surtout dans celui du Guerchin, sont de François: elles sont régulieres, pleines d'expression; par tout elles décèlent le grand maître.

Jean-Baptiste a aussi gravé un petit nombre de joliés eaux fortes, entre autres :

Cupidon dans un char, traîné par deux petits Amours, d'après l'Albane. In-4. en t.

JEAN-BAPTISTE CAVAZZA, peintre et graveur, né à Bologne vers 1620. Disciple du Cavedone et du Guide; les églises du lieu de sa naissance possédent plusieurs tableaux de sa main, entre autres celles de la *Madonna delle Liberta et dell' Annonciata*. Il a gravé quelques pièces de sa composition :

1. Un Christ en Croix. In-fol.
2. La Résurrection de Jésus-Christ. In-fol.

D. M. CANUTI.

3. La Mort de St. Joseph. In-fol.
4. L'Assomption de la Vierge. In-fol.

DOMINIQUE-MARIE CANUTI, peintre et graveur à l'eau' forte, naquit à Bologne en 1623. et mourut dans la même ville en 1684. Cet artiste extraordinaire acquit sans maître, par la seule force de son génie, une telle connoissance du dessin et du coloris, que le Guide vit avec étonnement ses premiers ouvrages et le reçut avec joie parmi ses disciples. On admire surtout dans ses ouvrages ses beaux racourcis. Canuti a beaucoup travaillé à Rome et a Bologne. Outre ses ouvrages de peinture nous avons de sa main un bon nombre d'eaux fortes dans lesquelles il suit la manière du Guide, qu'il surpassa pour la netteté du style et le fini de l'exécution, mais qu'il n'égale pas pour l'excellence du dessin et pour l'esprit des contours.

Il marquoit ses estampes de son nom, ou des lettres initiales: D. M. C. F.

1. Lodovico Caraccio. *Canutus sc.* In-4.
2. Augustin Caraccio. *Canutus fecit.* In-4.
3. Annibal Caraccio. *Canutus f.* In-4.
4. La Vierge assise dans les nues, le Christ à côté

d'elle. De sa composition, pièce marquée D. M. C. F. In 4.

5. Saint Roch, pièce semblable.
6. Saint François en prière, d'après le Guide, pièce marquée : *Dom. Ma. Canuti fec.* In 4.

CARLE MARATTI, peintre et graveur à l'eauforte, naquit à Camérano dans la Marche d'Ancone en 1628. et mourut à Rome en 1713. Il montra dès son enfance la plus forte inclination pour la peinture. C'est un de ces artistes qui n'a dû sa réputation qu'à la persévérence dans le travail. Il vint à Rome à l'âge de douze ans, et il eut le bonheur d'entrer dans l'école d'André Sacchi, où il passa dix-neuf ans. Dans cet intervalle il avoit copié les meilleurs ouvrages de Raphael et des autres grands peintres; il ne cessa d'être disciple, que quand il eut acquis la capacité d'être maître. Il eut longtems à lutter contre d'injustes détracteurs, mais à force de mérite il fit taire l'envie. Longtems on ne l'a cru capable qu'à peindre des Vierges, lorsqu'il débuta dans le genre de l'histoire avec le succès le plus brillant. Peu de peintres se sont rendus plus célèbres de leur vivant que le Maratti, ni n'ont été comblés de plus d'honneurs et de richesses.

Comme Brutus il a mérité d'être appellé le dernier des Romains. Grand dessinateur, il a su mettre beaucoup de graces et de noblesse dans les têtes de ses figures, surtout dans celles de ses Vierges. Ses tableaux d'histoire très-savans de composition, sont peints d'un pinceau moëlleux. Ses sujets allégoriques sont neufs et ingénieux. Cependant Maratte n'est pas mis au rang des plus grands peintres. M. Raynolds l'a ainsi apprécié: „Il tira le meilleur
» parti qu'il lui fut possible de la portion de
» talent dont il étoit doué : mais on ne sauroit
» nier qu'il eut une certaine pesanteur, qui
» chez lui se fait sentir uniformément dans
» l'invention, l'expression, le dessin, le coloris
» et l'effet général de ses ouvrages. "

Il a gravé à l'eau-forte un assez bon nombre d'estampes touchées avec esprit dans le style des peintres, mais d'une pointe plus finie.

1—10. Une Suite de dix sujets tirés de l'Histoire de la Vierge, de sa composition; en grand et en petit in 4.

11. Héliodore chassé du temple par les anges, pièce de deux feuilles, ceintrée par en haut, d'après Raphael. Gr. in-fol. en t.

12. La Samaritaine, d'après Annibal Carrache. Gr. in-fol.

A. BADIALE. 47

13. La Flagellation de St. André, d'après le Dominiquin. In-fol. en t.
14. Joseph se faisant connoître à ses frères en Egypte, d'après le Mola. In-fol. en t.
15. St. Charles Borromée intercédant pour les pestiférés de Milan, d'après le Cavalier Pérugin. Gr. in-fol.

L'œuvre de Maratte est très-précieux par les belles estampes que nous ont données de ses compositions nombre d'habiles artistes de toutes les nations qui cultivent la gravure. On les trouvera spécifiées aux articles de chaque graveur.

ALEXANDRE BADIALE, peintre et graveur à l'eau-forte, né à Bologne en 1626. et mort dans la même ville en 1671. Il fut disciple de Flaminio Torre, et peignit pour des édifices publics et privés. Il fut tué d'un coup de fusil à l'âge de 45. ans. Dessinateur correct, il a gravé d'une pointe facile plusieurs estampes. Le P. Orlandi lui attribue le chiffre $\mathcal{AB}$.

1. Une Vierge assise avec l'enfant Jésus, entre un Evêque et un Religieux à genoux. P. in-fol.
2. Une Ste. Famille, d'après Fl. Torre; de même.
3. Une Descente de croix, d'après le même. In-fol.
4. Une Vierge, demi-figure, avec l'enfant Jésus. P. in-fol.
5. Repos en Egypte, où la Vierge, vue de profil,

est assise au pied d'un palmier, donnant le sein à l'enfant Jésus. Plus loin se voit St. Joseph assis à terre au pied de deux arbres occupé à une lecture. Le fond est un paysage montagneux. *Siranus inv.* P. in-4. en t.

6. Autre Repos en Egypte, où la Vierge est assise à terre au pied d'un arbre, tenant un linge pour en couvrir l'Enfant couché sur ses genoux. Plus loin on voit St. Joseph assis au pied d'un palmier, et trois chérubins planer au haut de l'estampe. *Siranus in.* La gravure de ces deux pièces est communément attribuée à A. Badiale. P. in-4.

Carlo Cesio, ou Cesius, peintre et graveur à l'eau-forte, né dans un village de l'Etat de l'Eglise, nommé Antrodoco, en 1626 et mort à Rieti en 1686. Il apprit les élémens de l'art sous Pietre de Cortone, et peignit plusieurs ouvrages, tant à l'huile qu'à fresque, pour plusieurs églises de Rome. Cependant il est moins connu comme peintre que comme graveur à l'eau-forte. Ses planches sont exécutées à la pointe dans le goût des peintres, et retouchées avec le burin. Son dessin ne manque pas de correction et les extrêmités de ses figures sont bien marquées. Césio a gravé un bon nombre d'estampes d'après les grands maîtres qui florissoient de son tems. D'ailleurs les gens de goût désireroient d'y trouver plus d'aménité

dans

dans l'exécution et plus de finesse dans l'expression.

1. Une Vierge, demi-figure, avec l'enfant Jésus et le petit St. Jean; pièce de son invention, ovale in-4.
2. Frontispice pour un livre intitulé: *Discorsi della Musica*. In 4.
3. St. André, conduit au supplice, se prosterne à la vue de la croix; fameux tableau du Guide fait en concurrence avec le Dominiquin. Gr. in-fol. en t.
4. La Femme Cananéenne, d'après Ann. Carrache. Gr. in-fol.
5. La Galerie Pamphili à Rome, représentant l'histoire d'Enée, d'après Pietre de Cortone, en seize morceaux, y compris le titre, de différente grandeur.
6. La Galerie du Palais Farnese à Rome, peinte par Annibal Carrache et gravée par Carlo Césio, en 41 pièces, savoir: 30 planches numérotées, 10 sur lesquelles les numéros sont répétés, et l'Enlèvement de Proserpine, sans numéro.
7. Les Peintures dans la Chapelle des Buongiovani, à l'église de St. Augustin de Rome, représentant la Vie de St. Augustin, d'après Lanfranc, en 8 feuilles, 4 grandes et 4 demi-feuilles.

ANDRÉ PODESTA, peintre, dessinateur et graveur à l'eau-forte, né à Gênes vers 1628 et venu à Rome vers 1640. Il apprit les élémens de la peinture dans sa patrie sous Jean-André Ferrari; mais il ne paroît pas qu'il se soit fort distingué en qualité de peintre. A Rome il a été employé, avec plusieurs fameux artistes, à dessiner les statues et les bas-reliefs, qui devoient former la Galerie Justinienne, laquelle a paru sous le titre: *Galleria Giustiniana, del Marchese Vinzenzo Giustiniani.* Tome I. et II. à Rome 2. Vol. gr. in-fol. Ce qui lui fait le plus d'honneur, ce sont ses gravures à l'eau-forte, d'une exécution spirituelle et savante. Les têtes de ses figures sont bien caractérisées, et les autres extrémités sont bien rendues.

Il marquoit ses estampes de cette manière: AND P. et *And. in.* et *fec.*

1. Des Amours qui cultivent les arts, et le Phénix qui se brûle, Allégorie dédiée au Guide. Gr. in-fol. en t.
2. Fête donnée à Bacchus, avec des Satyres, des Bacchantes et des Amours ivres, Bacchanale. 1649. Gr. in-fol. en t.
3. Silene ivre, porté par des Satyres et des Bacchantes; Bacchanale attribuée au Titien. Gr. in-fol. en t.
4. Bacchus prêt à sauter de son char, traîné par des tigres, Bacchanale, d'après le Titien. Gr. in-fol.
5. Bacchus et Ariane, Bacchanale. Gr. in fol. en t.
6. 7. Deux pièces de la Vie de St. Diego, d'après le Carrache. 1) Le Saint changeant les fleurs en pain. 2) Le Saint imposant la main sur un enfant; pièces sans nom. P. in-fol.

L. PASINELLI.

LAURENT PASINELLI, peintre et graveur à l'eau-forte, naquit à Bologne en 1629. et mourut à Parme en 1700. Ses maîtres dans les principes du dessin et de la peinture furent André Baroni et Simon Cantarini. Il fréquenta aussi quelque tems l'école de Flaminius Torre. Appellé à Turin, il y fit quelques ouvrages, et passa de-là à Mantoue, où il peignit plusieurs sujets dans les appartemens de Monmirola, château de plaisance du Duc. S'étant rendu à Venise, il adopta la manière de Paul Veronese, en réformant la disposition de ses figures et l'économie de ses draperies. De retour à Bologne, Pasinelli y établit une école, et fit un grand nombre de tableaux, tant pour les églises que pour les particuliers. Cochin vante beaucoup un de ses tableaux, conservé à l'Eglise de St. François de Bologne, et représentant la Résurrection d'un mort. „C'est „une belle machine de composition", dit-il; le „coloris en est fort beau, particulierement „dans la Gloire qui est belle, soit pour les „graces des tons, soit pour celles du dessin."

Pasinelli a gravé à l'eau-forte, d'après

ses compositions, quelques morceaux, recherchés des connoisseurs.

1. Le Martyre de plusieurs Saints. Gr. in-fol. en t.
2. La Prédication de S. Jean dans le désert. Gr. pièce en t. Belle eau forte.

Les graveurs, qui ont travaillé d'après ce maître, sont Lorenzini, Zanotti, dal Sole, Roli etc.

HORACE BRUN, BRUNI ou BRUNETTI, graveur au burin, né à Sienne vers 1630. et établi à Rome. Il est du petit nombre des graveurs italiens qui n'ont employé que le burin dans leurs estampes; on voit qu'il a voulu imiter le style de F. de Poilly. Bruni a travaillé d'après plusieurs peintres italiens, surtout d'après André d'Anconne et de Rutilio Manetti. Il a gravé aussi plusieurs pièces de son dessin.

1. L'Enfant prodigue gardant les pourceaux. P. in-fol.
2. Le Siècle d'or. De même.
3. Les quatre Saisons. De même.
4. Une Suite d'Animaux. De même.
5. Un jeune Héros et une jeune Femme sur un char traîné par deux chevaux; à gauche Minerve s'avance à leur rencontre et présente un sceptre; dans les airs vole un aigle qui tient un casque dans ses serres et qui semble le vouloir poser sur la tête du guerrier.

La Scène est dans une vaste campagne où l'on voit dans le lointain les remparts d'une ville et sur le devant un Dieu-Fleuve avec une corne d'abondance; sujet inconnu qui pourroit être Numa Pompilius avec la Nymphe Egérie; pièce rare que je possède et dont je n'ai vu nulle part la description. *F. Rutt. Sen. inv. Orat. Bruni Sen. s.* Gr. in-fol. en t.

LUC JORDAN, ou LUCA GIORDANO, dit FA PRESTO, peintre et graveur à l'eau-forte, naquit à Naples en 1632. et mourut dans la même ville en 1705. Son pere, peintre médiocre, lui enseigna les premiers élémens de l'art. Il devint ensuite disciple de Joseph Ribera, dont il suivit d'abord la manière; puis étant allé à Rome, il fréquenta l'école de Pietre de Cortone, dont le coloris attira toute son attention. De Rome il fit un tour en Italie et passa à Vénise, où, séduit par les ouvrages de Paul Véronese, il y puisa toute son adresse de compositions. De retour à Naples il fit une quantité d'ouvrages avec sa prestesse ordinaire. Sur sa grande réputation, le Roi Charles II. d'Espagne le fit venir à sa Cour pour peindre à l'Escurial. Ce monarque fut si content de ses travaux, qu'il le combla d'honneurs et de richesses. Après avoir achevé ses nombreux ouvrages en Espagne, il revînt jouir de sa fortune et de sa réputation dans sa patrie, en s'occupant de son art jusqu'à sa mort. Lucas joignoit à beaucoup d'esprit un génie vif et fécond. Il y a eu peu de peintres aussi expéditifs que lui; mais aussi cette facilité a quelquefois nui à ses ouvrages.

Nous avons de sa main plusieurs eaux fortes exécutées dans la manière des grands peintres. Ses têtes et les autres extrêmités de ses figures sont bien caractérisées.

1. Le Massacre des prêtres de Baal, en présence d'Elie et d'Achab. In-fol. en t.
2. La Vierge avec l'enfant Jésus. Petit in-fol.
3. St. Joseph et St. Jean, de même.
4. La Madéleine pénitente, de même.
5. Jésus disputant avec les Docteurs de la loi. In-fol. en t.
6. La Femme adultère, de même.
7. Ste. Anne reçue dans le ciel par la St. Vierge. Gr. in-fol.

Les François et les Anglois ont gravé un grand nombre de sujets d'après ce maître.

BARTHELEMI BISCAÏNO, peintre et graveur à l'eau-forte, né à Gènes en 1632. Il étoit fils et disciple de Jean-André Biscaïno, bon

B. BISCAÏNO.

paysagiste. En 1657. la ville de Gênes fut affligée d'une horrible peste dont le père et le fils furent les victimes. Barthélemi avoit achevé de se perfectionner dans l'art sous la direction de Valerio Castelli. Les contours de ses figures, le beau fini de son exécution, l'excellence de sa draperie, font que ses productions sont très-recherchées. A la Galerie de Dresde on voit trois tableaux de ce maître. Ses dessins ne sont pas moins recherchés que ses tableaux. Pierre Mariette en possédoit six, qui, à la licitation de son Cabinet de Curiosités, furent vendus 2507. Livr.

Il a gravé plusieurs eaux fortes, exécutées dans un style libre et agréable, style qui a de la ressemblance avec celui de Castiglione, mais qui est moins terminé. Ses figures, d'un beau dessin, sont élégantes et finement composées. Il a su donner à ses têtes de la beauté et du caractère. La plûpart de ses compositions sont des sujets de dévotion. — Quelques-unes de ses estampes sont marquées B. B.

1. Moïse enfant trouvé sur les eaux du Nil. Petit in-4.

2. Susanne au bain surprise par les Viellards, petit ovale.
3. Nativité de notre Seigneur. Gr. in-fol.
4. La Circoncision de notre Seigneur. In-fol.
5. L'Adoration des Rois. In-4.
6. Hérodiade avec la tête de St. Jean. In-4.
7. La Vierge avec l'enfant Jésus et plusieurs Anges. In-fol.
8. La Vierge assise, présentant le sein à l'enfant Jésus couché sur ses genoux; à côté d'elle St. Joseph. In-fol.
9. La Vierge assise, donnant le sein à l'Enfant, devant elle le petit St. Jean avec son agneau et derrière elle St. Joseph. In-fol.
10. La Vierge à genoux adorant l'enfant Jésus, couché à terre sur un linge. In-fol.
11. La Vierge assise, tenant sur ses genoux l'Enfant, à qui le petit St. Jean baise les pieds, avec St. Joseph vu derrière une grosse pierre. In-fol.
12. La Vierge tenant de bout sur ses genoux l'Enfant qui tend un bras à St. Joseph; en demi-figures. In fol.
13. Sainte Famille, où le petit St. Jean tient un long bâton de croix et où l'on voit sur le devant une grande croix. Petit in-fol.
14. Repos dans la fuite en Egypte, avec des Anges dans les nues. P. in fol.
15. Le jeune Sauveur dans les nues, reposant sur le Globe de la terre, en ovale; gr. in-4.
16. St. Joseph, demi-figure, portant l'enfant Jésus, sans marque. In-4.
17. St. Christophe, tendant la main à l'enfant Jésus. In-4.

L. TINTI.

18. St. Christophe, arrivé au rivage, dépose l'enfant Jésus à terre. In-4.
19. La Madeleine dans le désert, pièce gravée en 1656. In-4. en t.
20. Une Bacchanale. Gr. in-4.

LAURENT TINTI, peintre et graveur à l'eau-forte, né à Bologne en 1634. fut un des bons disciples d'And. Sirani. Il fit une Flagellation, qui se voit à l'Eglise de la Madonna del Piombo, tableau dont il fit présent à cette église, parce qu'il étoit membre de la Confraternité. Il peignit aussi le tableau d'autel de l'Eglise de Ste. Tecla à Bologne.

Parmi ses estampes on remarque surtout le frontispice qui est à la tête de l'Herbier du D. Hyacinthe Ambrosini, ouvrage imprimé à Bologne en 1666. Il a travaillé à la Cour de Modène, où il a gravé, d'après François Stringa, l'estampe qui se trouve à la tête de la description de la Pompe funèbre de François I. Duc de Modène, et dans laquelle est représenté le buste de ce Prince. Il a encore gravé d'après quelques maîtres Bolonois, et entr'autres d'après Elisabeth Sirani.

F. VACCARO. J. ZARLATTI.

FRANÇOIS VACCARO, ou VACCARI, peintre et graveur à l'eau-forte, né à Bologne vers 1636. Il fut un des disciples de l'Albane, et fit plusieurs ouvrages dans les églises et les palais de sa ville natale. Entre autres il peignit à fresque les ornemens d'un autel dans l'église de St. Vitalis. Vaccaro écrivit un Traité sur la Perspective, pour lequel il grava lui-même les planches et dédia l'ouvrage au Conseiller Beccatelli. Il florissoit en 1670. et c'est vers ce tems qu'il quitta sa patrie, sans qu'on sache ce qu'il est devenu.

1—2. Douze pièces, représentant des Vues perspectives de Ruines, de Fontaines et d'Edifices en Italie, *Fr. Vaccari fec.* In 4. en t.

JOSEPH ZARLATTI, peintre et graveur à l'eau-forte, né à Modene vers 1635. Il apprit les principes de l'art de J. B. Spezzini, peintre Génois. Il mérite une place distinguée parmi les graveurs, par la beauté de ses idées, de ses ajustemens de tête, de ses habillemens de femmes, de ses tournures élégantes, et de son intelligence dans toutes les parties de son art. Enlevé par une mort prématurée, il fait regretter qu'il n'ait pas pu livrer un plus grand nombre d'ouvrages de gravures.

Nous avons d'un graveur moderne, nommé Venanzio Zarlatti, une estampe gravée au burin pur, portant pour titre : *Maria Magdalaina. Fr. Albano dip. Venazio Zurlatti incise.* Ovale gr. in fol. De la Galerie du Capitole.

I. PIETRO SANTE BARTOLI, dit IL PERUGINO, peintre et graveur à l'eau-forte, né à Pérusse en 1635 et mort à Rome en 1700. Il avoit appris les élémens de la peinture chez un peintre François nommé le Maire, et fréquenté l'école du Poussin. Au commencement il pratiqua la peinture et acquit une singulière facilité à copier les tableaux des grands maîtres. A l'église de St. Pierre aux liens on voit aussi un morceau de son invention. Mais ce n'est pas à la peinture, c'est à la gravure qu'il doit la réputation dont il jouit. Parmi les graveurs à la pointe il mérite une place des plus distinguées. Quoique ses travaux soient en apparence peu étudiés, on voit qu'il auroit été difficile de faire mieux avec plus de soin. Il mérite d'autant plus d'être consulté par les graveurs, qu'il n'est pas du nombre des artistes qui sont parvenus à l'effet par des travaux sans ordre; les siens sont souvent établis avec beaucoup de sentiment et de goût. Malgré les éloges qu'on lui accorde, en qualité de dessinateur, on lui reproche de n'avoir eu qu'une manière de dessin, quelque fût celle du maître ancien ou moderne, qu'il proposoit de rendre. Winkelmann, pour donner le goût de l'antique aux jeunes gens qui aspirent à la connoissance du beau, leur conseille de se rendre attentifs aux ouvrages de Bartoli.

Le nombre d'estampes qu'il a gravées est très-considérable. Nous avons de sa main : 1) Plusieurs suites d'Antiquités et d'après divers maîtres modernes. 2) Des pièces séparées d'après différens maîtres Italiens. 3) Des pièces diverses de sa composition.

Bartoli marquoit ses estampes avec les lettres initiales de son nom, P. B. F. souvent aussi il mettoit par abréviation : *Petr. S. Bart. sc. Romae.*

A. *Antiquités diverses.*

1. *Admiranda Romanorum Antiquitatum ac veteris Sculpturæ Vestigia.* Ouvrage avec des remarques de Bellori sous chaque planche, au nombre de 83. Gr. in-fol. en t.
2. *Romanæ magnitudinis Monumenta.* 138. pièces in-fol. en t.
3. *Veteres arcus Augustorum triomphis insignes.* 52. pièces.

P. S. BARTOLI.

4. *Colonna di Marco Aurelio, con brevi note da Gio. Pietro Bellori.* En 78. pièces, gr. in-fol.
5. *Colonna Trajana, di Alfonso Ciacconi.* En 128. pièces. Gr. in-fol.
6. *Sepolcri antichi, Romani ed Etruschi, trovati in Roma.* En 123. pièces in-fol.
7. L'Aqueduc qui conduit l'eau de Civita Vecchia, avec plusieurs Vues des environs de Rome; en 4. grandes pièces.
8. La grande Urne sépulcrale de pierre qui se trouve dans la Cour du Capitole.
9. La Peinture antique qui représente deux sujets d'une Epouse sur le lit nuptial, en 2. feuilles in-fol.

Cette pièce qui porte pour titre: *Nova Nupta in geniali Talamo* — — est connue sous la dénomination de Noce Aldobrandine.

10. *Le Pitture antiche delle Grotte di Roma e del Sepolcro de Nasoni, intagliate da Pietro Santi Bartoli & Francesco Bartoli suo figlio, Roma* 1680. et 1706. En 94. pièces in-fol.
11. *Le antiche Lucerne sepolchrali, in Roma* 1691. et 1704. En 119. pièces in-fol.
12. *Antiquissimi Virgiliani Codicis Fragmenta & Picturæ.* In-fol.

Les planches de cet ancien Virgile ont été publiées de nouveau séparément et sans texte à Rome en 1776. L'éditeur y a joint plusieurs autres Antiquités avec le titre: *Accedunt ex insignioribus Pinothecis Picturæ aliæ, Veteres Gemmæ,*

Anaglypha, apud Vicentium Monaldinum. Ces nouvelles pièces ont été gravées par différens artistes.

13. Recueil de Peintures antiques, imitées fidélement pour les couleurs et pour les traits d'après les dessins coloriés, faits par Pierre Sante Bartoli. Paris.

On n'a imprimé que 30. exemplaires de ce livre, d'une extrême rareté et d'une parfaite exécution. Nous parlerons encore de ce Recueil à l'article du Comte de Caylus.

B. *Suites diverses d'après des maîtres italiens.*

1. Suites de Frises, représentant des sujets de la Bible, peints sur les cheminées du Vatican par Raphael, en 12. petites feuilles.
2. Autre suite de Frises, représentant d'autres sujets de la Bible, peints sur les cheminées du Vatican par Raphael, en 15. petites feuilles.
3. Autre suite de Frises, peintes en grisaille par Raphael au-dessus des peintures du Vatican sous le titre: *Leonis X. admiranda virtutis imagines.* — En 15. feuilles.
4. Suite des ornemens et des figures nommées *Scherzzi di figure colorite di relievo di stucco*, sous le titre: *Parerga atque ornamenta in Vaticani Palatii Kiftis* — par Raphael. 43. feuilles in-4.
5. Suite de quatre jolies pièces représentant des divinités sur leurs chars: 1) Jupiter traîné par deux aigles. 2) Mars par deux chevaux. 3) Diane par deux Nymphes. 4) Mercure par deux coqs.
6. L'Histoire de Constantin, en une suite de Frises,

de différentes formes, sujets peints au Vatican par Jules Romain.

7. *Giove che fulmina di Giganti.* Jupiter, accompagné des Dieux de l'Olympe, foudroyant les Géants, d'après les fameuses peintures de Jules Romain, exécutées au Palais du T à Mantoue; 9 feuilles, moyennes pièces de différens formats.

8. L'Histoire de St. Pierre, formant une suite de plusieurs pièces, d'après Lanfranc. In-fol. en t.

C. *Pièces séparées d'après des maîtres italiens.*

1. L'Adoration des Rois, d'après les tappisseries du Vatican par Raphael. Pièce de 3 feuilles. Gr. in-fol. en t. Une des plus belles estampes de Bartoli.

2. Jupiter enfant, nourri par la chèvre Amalthé, tableau du palais du T. de Jules Romain. Gr. in-fol. en t.

3. Hylas enlevé par les Nymphes, d'après le même. gr. in-fol. en t.

4. Sophonisbe présentée à Massinissa, d'après le même. In-fol. en t.

5. La Continence de Scipion, d'après le même. In-fol. en t.

6. St. Jean montrant le Christ qui s'achemine dans le désert, d'après P. F. Mola. Gr. in-fol.

7. La Naissance de la Vierge, tableau d'autel d'après l'Albane. Gr. in-fol.

8. Le Mariage de la Vierge, tableau du maître-autel de l'Eglise de St. Laurent in Borgo, d'après Nicolo Beretoni. Gr. in-fol.

9. Daniel dans la fosse aux lions, d'après un tableau d'autel de Venise de P. de Cortone. Gr. in-fol.

F. BARTOLI.

10. La Vierge dans le ciel, avec l'enfant Jesus, et d'autres Saints, d'après L. Carrache. In-fol.
11. La Mere et la Femme de Coriolan, prosternées à ses pieds, d'après Ann. Carrache. Gr. in-fol.
12. St. Charles Borromée, mené par un Ange au tombeau de Vetallo, d'après An. Carrache. In-4.

D. *Pièces de son invention.*

1. Saint Etienne, Martyr couronné, pièce en ovale. In-4.
2. Saint Bernard enchaînant le Diable. In-4.
3. Théatre érigé dans la Cathédrale de St. Pierre, pour la Canonisation de St. Pierre d'Alcantare et de Ste. Marie-Madéleine; pièce gravée conjointement par Bartoli et par Falda; gr. in-fol.
4. Le Monument sépulcral du Pape Urbain VIII. pièce marquée: *Petr. Sanct. Bartolus del. et sc.* gr. In-fol. De l'invention du Bernin.
5. Mausolée ancien où se voit la figure d'un Lion qui étoit autrefois à Tivoli et qui est présentement au Palais Barberini, gravé par Bartoli, d'après le dessin de P. de Cortone. Gr. in-fol.

II. FRANCESCO BARTOLI graveur à Rome, fils et élève de Pietre Sante. Il a continué le commerce d'estampes établie à Rome par son pere, et il a gravé conjointement avec lui plusieurs sujets; entr'autres la pièce suivante:

Le Catafalque érigé à Rome en mémoire de Jean Sobieski, Roi de Pologne; d'après Sebastien Cipriani. Gr. in-fol.

MATTEO

MATTEO PICCIONI, peintre et graveur, né dans la marche d'Ancone vers 1637. Membre de l'Académie de St. Luc vers 1655, il a travaillé la plûpart du tems à Rome. Nous avons de sa main l'Arc de Triomphe de l'Empereur Constantin du Capitole. Piccioni est rangé parmi les artistes qui ont travaillé avec succès en mosaique. Il exécuta avec Fabius Christofori et Horace Manenti les ouvrages en mosaïque de la Coupole d'une Chapelle de St. Pierre de Rome. A l'égard de sa gravure les pièces suivantes sont recherchées :

1. St. Luc peignant la Vierge, d'après le tableau de Raphael à l'Académie. In-fol.
2. L'Adoration des Bergers, d'après P. Véronese. In-fol.
3. Sainte Famille, d'après le même. In-fol.
4. La Vierge assise dans une campagne, avec l'enfant Jésus qui dort et le petit St. Jean à côté, d'après André Camassei. In-fol. en t.
5. L'enfant Moïse apporté à sa mere pour être mis dans un berceau et exposé dans le Nil, d'après le même. In-fol. en t.

DOMINIQUE-MARIE BONAVERA, graveur à la pointe et au burin, né à Bologne vers la fin du même siecle. Il apprit les élémens du dessin et de la gravure à l'eau forte de son oncle D. M. Canuti. Parmi ses gravures on estime celles qu'il a faites d'après l'Anatomie du Titien à l'usage des jeunes artistes en 18. planches. La plupart des estampes de Bonavera sont gravées à l'eau forte et retouchées à la pointe seche pour leur donner de l'effet. Son chiffre est le même que celui de Dominique Barriere et de Dominique Bettini. BD.

1. Sainte Anne enseignant à lire à la jeune Vierge, d'après Dominico Maria Canuti. *Dom. Bonavera fec.* In-fol.
2. Sainte Thérese avec l'enfant Jésus; d'après le même, par le même. In-fol.
3. Sainte Christine martyrisée, d'après le même, par le même.
4. St. Jean baptisant Jésus-Christ dans les eaux du Jourdain, d'après un fameux tableau de l'Albane à Bologne. *D. Bonavera sc.* Gr. in-fol.
5. St. Jean prêchant au bord du Jourdain, d'après un fameux tableau de L. Carrache à Bologne. *D. Bonavera.* Gr. in-fol.

Ces deux estampes sont les pièces capitales du graveur.

6. Loth avec ses Filles, d'après An. Carrache. *D. Bonavera.* Gr. in-fol. en t.
7. La Coupole du Dome de Parme, représentant l'As-

J. B. FALDA.

somption de la Vierge, avec les Apôtres et les Anges, d'après le Correge. *Dominique Bonaveri sc. 1697.*

La même Coupole avoit été gravée par J. B. Vanni en 1642.

Jean-Baptiste Falda, dessinateur et graveur a l'eau forte, né à Valddugia dans le Milanois vers 1640. Il a presque toujours travaillé à Rome. On ignore quel fut son maître dans la gravure; mais son style a beaucoup de ressemblance avec celui de Sylvestre. Nous avons de son dessin et de sa gravure un grand nombre de Vues piquantes d'Italie, surtout les Eglises, les Palais, les Jardins et les Fontaines de Rome, le tout orné de jolies figures bien dessinées et gravées avec goût. En 1676. il grava la ville de Rome en 12. feuilles. Voici quelques morceaux de son œuvre, qui est considérable.

1—2. Deux belles Vues de la Place de Navonne, portant pour titre: 1) *Fontana in Piazza Navona.* 2) *Altra Veduta in Piazza Navona. Architettura del Cav. Gio. Lorenzo Bernini. In fol.*

3—4. Deux autres Vues dans l'intérieur de Rome: 1) Vue de la Basilique du Vatican. 2) Vue de la Fontaine de la Basilique du Vatican. In-fol. en t.

5. Vue de la Fabrique de St. Pierre, de sa grande

place et de ses batimens d'alentour, avec douze pièces des plus fameux édifices de Rome, gravés sur la même planche. *Gio. Batista Falda del. et sc. Romae* 1662. Gr. in-fol. en t. Rare.

6. Vue de l'Intérieur de St. Pierre du Vatican à la Béatification de St. François de Sales. Gr. in-fol. en t.

7. Grande Vue du Château de St. Ange, avec les Statues des Anges sur le pont; d'après le Bernin.

AMBROISE BESOZZI, ou BESUCIUS, peintre et graveur à l'eau forte, né à Milan en 1648. et mort dans la même ville 1706. Disciple de Joseph Danedi, dit le Montalto, il alla à Rome, où l'etude de l'antique, celle des tableaux des grands maîtres et l'école de Cyro Ferri acheverent de le perfectionner. Il excelloit surtout à peindre l'architecture, les frises, les bas-reliefs et autres genres de décoration. Il a peint à Turin, à Parme et en plusieurs autres endroits de l'Italie; et il a gravé quelques pièces à l'eau forte, parmi lesquelles on distingue:

1. Le Portrait du Correge, en profil. Petit in-4.
2. L'Apothéose d'une Princesse, dont le portrait est gravé par Bonacina et le reste par Besozzi, d'après Cesare Fiori. Pièce in-fol.

JÉROME ROSSI, ou DE RUBEIS, dit le vieux, peintre et graveur à l'eau forte et au burin, né à Rome vers 1640. Il apprit les principes de l'art chez Simon Cantarini et J. B. Buoncore. Comme il se sentoit plus de goût pour la gravure que pour la peinture, il abandonna ce dernier art pour se livrer entierement au premier, et il s'y est distingué. Jérôme le vieux florissoit vers 1670, et grava beaucoup d'après les maîtres Bolonois.

1. Le Portrait du Pape Pie V. d'après Scipio Gaetano; Ovale. P. in-fol.
2. Deux Amours jouant ensemble, d'après le Guerchin. In-4. en t.
3. La Vierge, avec l'enfant Jésus sur un croissant, entre St. Jérôme et St. François, d'après L. Carrache; pièce marquée: *Hieronimus de Rubeis pictor delineavit incidit.* P. in-fol.
4. St. Charles Boromée à genoux devant une croix, d'après Antoine Carrache. Gr. in-fol. Rare.
5. St. Nicolas devant la Ste. Vierge, d'après François Bonavilla. Gr. in-fol.

JÉROME ROSSI, ou DE RUBEIS, dit le jeune, graveur au burin, né à Rome vers 1685. Il a toujours travaillé dans le lieu de sa naissance, et a gravé un assez bon nombre de planches d'après divers maîtres Italiens. Son burin a de la douceur, mais il manque de force. Il a gravé un grand nombre de portraits, représentant les prélats créés Cardinaux du tems de l'artiste, suite qui a été continuée par Pazzi et d'autres. Il a aussi gravé quelques portraits de peintres pour la Galerie de Florence.

1. *Fabius Oliveris, Pisaurensis*, créé Cardinal en 1715. P. Nelli pinx. H. Rossi incid. In-4.
2. *Joannes Alexander Lipski*, Evêque de Cracovie, créé Cardinal en 1737. H. Rossi fecit. In-4.
3. *Alessandro Allori*, detto il Bronzino, de la Galerie de Florence. In-fol.
4. *Diego Velasquez de Silva, Pittore*. Ibid. In-fol.
5. La Vierge avec l'enfant Jésus, d'après le Correge. P. in-fol.
6. *La Zingara*, ou Repos en Egypte, où la Vierge est habillée en Egyptienne, gravée en 1719. par Jer. Rossi sur une copie d'Ann. Carrache, d'après le tableau du Correge qui a disparu. In-fol.
7. Le Martyre de St. Agapite, d'après J. Oddazi. Gr. in-fol. en t.

I. JEAN-BAPTISTE TESTANA, graveur au burin, né à Gènes vers 1649. Cet artiste a travaillé la plupart du tems à Rome. On a de sa main plusieurs estampes d'après les dessins de différens maîtres italiens. Il grava, conjointement avec Guillaume Vallet et Etienne Picart, les Images des Héros de Jean Ange Canini, d'après des Médailles et des Pierres antiques. Son burin est fort agréable et tient de celui de Mellan.

1—2. Deux têtes, celles de Socrate et d'Aléxandre, de l'ouvrage de Canini. P. in-4.

3. Deux Têtes, celles d'Aspasie et de Cléopâtre. Ibid. de même.

4. L'Ange gardien, d'après Pietre de Cortone. Gr. in-fol.

5. Baptême de Constantin le grand, d'après Aug. Carrache. Gr. in-fol.

II. JOSEPH TESTANA, graveur au burin, né à Genes vers 1650, et établi à Rome, où il publia plusieurs estampes. On le croit parent du précédent, et leur manière de graver a de la ressemblance. Il a eu part à ouvrage qui a paru à Rome en 1680. sous le titre: *Portraits des Cardinaux de nouvelle création*.

1. *Flavius Card. Chisius &c. Jos. M. Morandi pinx. Jos. Testana sc.* In-4.

2. *Aloysius Card. Homodeus. Jos. Testana del. et sc.* In-4.

3. Portrait de frere Jérôme e Comitibus, d'après Pietre de Cortone. In fol.

4. Sainte Marguerite de Cortone à genoux devant un crucifix, d'après le même. In-fol.

5. Sujet de Thèse, au bas l'Hydre, et dans les airs la Religion qui tient le portrait du Pape Aléxandre VII. On lit sur une banderole; *Accedite et illuminamini.* D'après le même. In-fol.

CRECENTIUS DE HUNUFRIS, ou DE ONOFRIIS, peintre et graveur à l'eau-forte, né à Rome vers 1650. et mort à Florence vers la fin du dernier siècle. Eleve de Gaspre Poussin, il a peint un grand nombre de paysage dans la manière de son maître. Carle Maratte avoit peint une Chasse de Diane dans un grand tableau qu'Hunufris avoit gravé pour le Prince Livius Odescalchi.

On a de sa main plusieurs paysages héroïques, gravés d'un très-bon goût. J'ai sous les yeux les morceaux suivants:

1. Paysage d'Italie, orné de figures et d'eaux. In-fol. en t.
2. Paysage orné de roches et d'une chûte d'eau. In-fol. en t.
3. Paysage héroïque, avec Jupiter et Mercure, au Palais Marchionis à Rome. Gr. in-fol. en t.
4. Paysage héroïque, où se voit Apollon dans les nues. Ibid. Gr. in-fol. en t.

JEAN-JOSEPH DAL SOLE, peintre et graveur à l'eau-forte, naquit à Bologne en 1654. et mourut dans le lieu de sa naissance. Il avoit appris les élémens de son art de son père, Antoine Marie. De là il fréquenta les écoles de D. M. Canuti et de L. Passinelli. Il suivit pendant quelque tems la manière de son dernier maître, et celle de Simon Cantarini. Ensuite il s'affectiona pour le goût de peinture du Guide, qu'il saisit si bien, que plusieurs de ses ouvrages paroissent être de ce maître. Les Eglises et les Palais des Villes de Parme, de Luques, de Bologne, de Modène, de Plaisance, de Veronne, de Vienne &c. conservent de ses tableaux. Raphael et les Carraches étoient ses principaux modèles, et vers la fin de sa vie c'étoient le Guide et L. Carrache. Le Paysage, l'Architecture, les Ornemens, les Armes, les fleurs, il peignoit tout de sa main.

Il a gravé à l'eau forte plusieurs pièces de sa compositition; mais nous annonçons de préférence les deux pièces d'après son maître.

1. Mars recevant un bouclier des mains de Jupiter et de Junon, d'après le plafond que Pasinelli avoit peint pour le Général de Montecuculli. Pièce in-fol. en t.

2. St. François Xavier annonçant la foi dans les Indes, d'après un dessin que le même maître avoit fait pour une thèse. Gr. in-fol.

V. VICTORIA.

VINCENT VICTORIA, ou VITTORIA, peintre et graveur à l'eau-forte et au burin, naquit à Valence vers 1658, et mourut à Rome en 1712. Victoria se rendit jeune à Rome, et fréquenta l'école de Carle Maratte, où il fit de grands progrès. Ses ouvrages de peinture se font estimer pour la richesse de l'ordonnance et l'exactitude de l'anatomie. Ses portraits surtout sont dans une haute considération. Grand connoisseur en fait d'ouvrages de l'art, il avoit formé un excellent Cabinet de dessins, de gravures, de médailles, de pierres gravées, d'ouvrages de sculpture, en marbre et en bronze. Le Pape le nomma son Antiquaire en titre, le Grand-duc de Toscane le fit son premier peintre. On a divers ouvrages de littérature de ce savant homme, entre autres : *Observazioni sopra la Felsina pittrice de Malvasia* réfuté par le célèbre J. P. Zanotti. Victoria fut Chanoine à Xativa dans le Royaume de Valence. Son portrait est dans la Collection des grands peintres de Florence.

Entre plusieurs estampes qu'il a gravées, on remarque la suivante:

La Vierge dans les nues, tenant l'enfant Jésus, et entourée d'une gloire d'Anges; au bas St. Jean-Baptiste, St. François, St. Jérôme, et au milieu un petit Ange tenant une tablette; pièce gravée à l'eau forte d'après Raphael, et marquée: *Vinc. Victoria del. et sculp.* Rare.

L'original de ce beau tableau, conservé à Foligno, a cette particularité, qu'il est le seul tableau de Raphael qui existe dans cette ville, et qu'il attire beaucoup d'étrangers qui viennent l'admirer.

On cite encore de cet artiste les deux estampes suivantes d'après deux beaux tableaux de Ciro Ferri; savoir:

1. La Sainte Cène. Gr. in-fol.
2. La Résurrection. Gr. in-fol.

JEAN JÉRÔME FREZZA, graveur à la pointe et au burin, né à Canemorde près de Tivoli vers 1660. Il apprit la gravure à Rome chez Arnold de Westerhout, et sous cet habile maître il saisit avec un égal succès les procédés de l'eau-forte et du burin. Frezza publia un nombre considérable d'estampes d'après d'habiles maîtres italiens. Sa gravure qui tient un peu de celles de Mellan a beaucoup d'agrément, mais elle manque souvent de force. Les pièces qu'on estime le plus de ce graveur, sont les suivantes:

1. La Galerie Verospi, peinte par Fr. l'Albane, et gravée d'après les dessins de Pietro de Pietri, par Frezza, en 17. pièces de différente grandeur en 1704.
2. La Vierge, figure entiere, assise sous un arbre, allaitant l'Enfant, d'après L. Carrache. In-fol.
3. Sainte Famille, l'Enfant nud dans les bras de la Vierge, d'après Carle Marati. In-fol. en t.
4. L'Assomption de la Vierge, d'après le même, dédiée au Pape Clément XI. *Jac. Frey excud.* In-fol.
5. Le Jugement de Paris, d'après le même, dédié au Marquis Pallavicino. *J. Frey exc.* Gr. in-fol. en t.
6. La Zingare, ou repos en Egypte, où la Vierge est habillée en Egyptienne, d'après le Correge. Gr. In-fol.
7. La Descente du St. Esprit, d'après le Guide. In-fol. Rare.
8. Polyphême sur son rocher, et Galaté sur les eaux, avec des Nymphes. *Sixtus Badaloccius pinx. I. Hier. Frezza inc. Romae.* 1704. Gr. in-fol. en t.
9. Polyphême lançant un quartier de rocher à Acis et Galaté qui fuient. *Id. pinx. Id. incid.* Pendant. Deux jolies pièces.
10. Une suite de dix estampes, y compris le titre, représentant neuf tableaux de la Chapelle de Ste. Anne dans l'Eglise de la Madonna in Monte santo, d'après Nicolo Beretoni. In-fol.
11. Les fameux Centaures, connus sous le nom de Furietto, et conservés aujourdhui au Museum Clementinum à Rome, deux statues faites par Aristeas

et Papias, d'Aphrodisium; d'après le dessin de P. Battoni et N. Honophri. Gr. in-fol.

12. La fameuse Vénus couchée du Palais de Barberini, peinture antique, du Recueil de Crozat. Gr. in-fol. en t.

13. Pallas assise, ou Rome tenant le Palladium; du même palais; autre peinture antique, du Recueil de Crozat. Gr. in-fol.

Antoine-Dominique Gabbiani, peintre et graveur à l'eau forte, naquit à Florence en 1660 et mourut dans la même ville en 1726, d'un chûte du haut d'un échaffaut. Il fréquenta les écoles de plusieurs peintres, surtout celle de Ciro Ferri, et il acquit à force d'application un bon coloris, mais encore un meilleur goût d'invention et de dessin. Il peignoit l'histoire, le paysage, l'architecture et les animaux. Il étoit de son tems un des meilleurs peintres de Florence. Dans le Palais du Grand-Duc il a peint à fresque l'Histoire d'Apollon et la Chûte des Géants; sans compter nombre de plafonds et de grands tableaux qu'il a faits pour les palais et les églises de cette ville. Son éleve, Ignace-Henri Hugfort, a écrit sa vie. Il possédoit de son maître un recueil de cent dessins qu'il a fait graver à Rome en 1762. à l'eau-forte. Gabbiani lui-meme a gravé trois pièces de ce recueil; les autres le sont par Cipriani et d'autres habiles artistes. Le tout forme une suite très-intéressante.

JOSEPH DIAMANTINI, peintre et graveur à l'eau-forte, né dans la Romagne en 1660. et mort à Venise en 1722. Il s'étoit établi dans cette dernière ville où il travailla beaucoup dans les édifices publics et privés. Dans l'Eglise de St. Moïse il peignit, conjointement avec d'autres artistes, une Adoration des Mages. On trouve dans ce tableau un bon ton, une manière ferme, et le goût de l'Ecole Vénitienne. Son mérite le fit élever au rang de Chevalier. M. de Heinecke, qui nous donne le Catalogue de ses eaux fortes, semble borner son mérite à la gloire d'avoir formé à la peinture la célèbre Rosa Alba Carriera. M. Basan dit de ce maître: „Il a gravé à l'eau „forte quelques sujets de sa composition qui „montrent plus de génie que de principes du „dessin". Et M. Strutt, qui rapporte ce jugement de Basan, ajoute: „Mon opinion est

„ que ce maître a gravé dans un style libre et
„ savant, avec une grande finesse de pointe;
„ son dessin est spirituel; les attitudes de ses
„ figures sont souvent pleines de graces; ses
„ têtes et les autres extrémités sont rendues
„ d'une manière superieure. "

Il marquoit souvent ses pièces: *Diamantius in f.*

Voici la majeure partie de ses eaux-fortes presque toutes de sa composition.

1. Agar dans le désert. Ovale dédié à Hieron. Fab. In-4.
2. Sainte Famille, où le jeune St. Jean tient une longue croix; pièce sans marque. P. in-fol.
3. Les Noces de Cana, d'après Paul Véronese. In-fol.
4. Corps de Jésus, soutenu sur le tombeau par un Ange, dédié à Gregorio Fab. Ovale. In-4.
5. Didon sur le bucher, et Diane dans les airs, en Octogone. F. B. exc.
6. Vénus, Cérès et Pomone, pièce dédiée à D. D. Ferdinand. In-fol.
7. Mercure et Flore dans les airs, pièce dédiée à D. Aloysio Pisani. In-fol.
8. La Nuit chassée par Phosphorus, pièce dédiée a Marcangelo Flavio Commeni. In-fol.
9. La Sphere, ou l'Astronomie, pièce dédiée à Angelis. In-fol.
10. Saturne, ou un Dieu-Fleuve avec deux Cupidons. Octogone. *Paulus Pagnus exc.*

11. La Chute de Phaëton, sans marque. Pièce in-fol.
12. Mercure et Argus, Octogone. *F. B. exc.* In-4.
13. Vénus et Adonis, Octogone, dédié à Pietro Foscarini. In-fol.
14. Autre Vénus et Adonis, pièce dédiée à Jacobo Calisio. In-4.
15. Jupiter et la République de Venise. Octogone, dédiée à M. A. Corrario. In-4.
16. Le Tems, ou un Dieu-Fleuve assis, avec un Enfant les yeux bandés, couché à côté de lui, et une Muse debout; pièce dédiée à Antoine Nucci. In-4.
17. Le Tems debout, et Flore asisse, couronnée par un Génie; pièce dédiée à Constantin Loredano. In-fol.
18. La Force, ou Hercule assis à côté d'une Nymphe, avec l'Abondance debout; dédiée à Paulus Paganus. Octogone.
19. Mars et Vénus; pièce dédiée à Paul Pagani. In-4.
20. Diane et Endimion. *Fr. Balla exc.* In-4.
21. Sacrifice d'Iphigénie, en demi-figures. In-4.
22. Borée enlevant Orithie; pièce dédiée à Louis Vidman; octogone. In-fol.
23. La Justice et la Paix. *Fr. Balano exc.* Ovale. In-4.
24—27. Quatre Sujets emblématiques; 4. petites pièces en hauteur.
28—29. Deux autres Sujets semblables, en largeur.
30—31. Deux autres sujets, l'un en héxagone, et l'autre en ovale.

JOSEPH-NICOLAS NASINI, peintre et graveur à l'eau-forte, né à Sienne en 1660.

Issu

Issu d'une famille d'artistes, il apprit les élémens de son art de François Nasini son père, et acheva de se former à Rome sous Ciro Ferri, qui l'envoya à Florence pour dessiner, par ordre du Grand-Duc, les tableaux du Pietre de Cortone. De retour à Rome il continua ses travaux pittoresques ; il fit pour l'Electeur de Mayence deux tableaux qui plurent tellement à ce Prince qu'il obtint pour cet artiste de l'Empereur Joseph I. un Diplôme de 400. ans de Noblesse. Nasini peignit pour St. Jean de Latran le Prophete Amos et la Voute de la Chapelle du Duc de Bracciano dans l'Eglise des Sts. Apôtres, travail qu'il fit conjointement avec son frere Antoine. Dans une des pièces du Palais du Grand-Duc à Florence on voit de ce peintre quelques tableaux qui représentent les quatre fins de l'homme. On trouve dans ses compositions le feu du génie ; mais son dessin et son coloris sont durs ; d'ailleurs son faire tient de celui de P. Véronese. Il mourut à Sienne en 1736. Son fils, Apollonius Nasini, marcha sur les traces de son pere et termina ses ouvrages commencés.

C. FANTETTI. F. BRUNI.

On ne connoît de sa gravure à l'eau forte que le morceau suivant:

La Vierge, avec l'enfant Jésus et le petit St. Jean. In-4.

CESAR FANTETTI, dessinateur et graveur à l'eau-forte, né à Florence vers 1660. Il a presque toujours travaillé à Rome, d'après divers maîtres italiens. Il a gravé, conjointement avec Pietre Aquila, la Bible de Raphael; 37. pièces sont de Fantetti, le reste est d'Aquila, qui lui est supérieur. La pointe de ce graveur a de la facilité, mais peu de correction.

1. La Priere du Christ au Jardin des Olives, d'après L. Carrache, sans le nom du graveur qui est Fantetti. In-fol.
2. La Charité, avec deux enfans, d'après Ann. Carrache. In-fol.
3. Latona insultée par Niobé, d'après le même. Gr. In-fol.
4. La Mort de Ste. Anne, d'après André Sacchi; tableau gravé aussi par Jac. Frey. Gr. in-fol.
5. Flore dans les airs, entourée de petits Amours. D'après C. Ferri. In-fol. Ovale.

FRANCESCO BRUNI, ou BRUNO, peintre et graveur à l'eau-forte, né à Gènes vers 1660. et mort dans la même ville en 1726. On ne connoit pas d'autres particularités de sa vie, sinon qu'il a gravé la pièce suivante:

L'Assomption de la Vierge, d'après le Guide. Gr. In-fol.

Louis MATTIOLI, peintre, dessinateur et graveur à l'eau forte, né à Crevalcore, bourg dans la principauté de Masseran en 1662. et mort à Bologne en 1741. Il vint jeune à Bologne, où il fréquenta l'école de Carle Cignani. De-là il se mit à dessiner à la plume de jolies vues et d'agréables paysages, fort goûtés des amateurs; ce qui lui fit naître l'idée d'en graver quelques-uns à l'eau-forte. Il a gravé d'après ses compositions et celles de L. Carrache, mais surtout d'après celles de J. M. Crespi, dit l'Espagnol, avec lequel il étoit lié d'amitié. Ces pièces gravées d'une pointe facile sont recherchées.

1. Joli Paysage orné de ruines et de fabriques, avec des figurines. *L. Matiolus f.* P. In-4. en t.
2. L'Annonciation, d'après L. Carrache, sans marque. In-4. très-rare.
3. La Circoncision, tableau d'église, d'après le même. In-fol.
4. La Nativité de Jésus-Christ, d'après Aug. Carrache. In-fol.

5. La Samaritaine, pièce ceintrée, d'après Ann. Carrache, 1721. P. in-fol.
6. La Mort de St. Joseph, d'après Franceschini. In-fol.
7. Un St. Luc, billet d'invitation, gravé par Crespi, et regravé par Mattioli.
8. Les figures pour le Poëme de Bertoldo con Bertoldino, en 20. feuilles in 8. dessinées par Crespi et gravées sous la direction par Mattioli.
9. La Présentation au Temple, d'après Crespi. In-4.
10. Le Martyre de St. Pierre, d'après le même. In-fol.
11. St. Antoine, figure en pied, d'après le même. Gr. In-fol.
12. St. Vincent Ferreri, d'après le même. In-fol.

GUILLAUME DA LEONE, peintre et graveur à l'eau-forte, né à Parme vers 1664. On a peu de détail de la vie de cet artiste, et on ne connoît point ses ouvrages de peinture. Il a gravé d'après ses dessins deux suites d'animaux touchés de bon goût. On rencontre souvent de ses dessins dans les cabinets des amateurs.

1. Paysage montagneux, enrichi de divers animaux. Gr. In-4. en t.
2. Paysage avec des chèvres, une vache et une Bergère. In-4. en t.
3. Vénus, mettant un bandeau à l'Amour, d'après le Titien. In-fol.

L. CARLEVARIIS. J. M. CRESPI.

LUCAS CARLEVARIIS, dit ZENOBIO, peintre et graveur à l'eau-forte, né à Udine en 1665. et mort à Venise en 1729. Il excelloit à peindre en petit des paysages et des marines. Il grava avec beaucoup d'intelligence et de précision les plus belles Vues de Venise, qu'il publia en 1705. en 100. planches.

Ces estampes nous donnent une idée nette des édifices et des places qui y sont représentés. Voici deux morceaux de cette suite que j'ai sous les yeux :

1. Vue de l'Eglise de St. Nicolas di Castello à Venise. *Luca Carlevariis del. & incid.* In-fol. en t.
2. Vue de l'Eglise de Ste. Marie Formosa à Venise. *Id. fec.* In-fol. en t.

JOSEPH-MARIE CRESPI, surnommé L'ESPAGNOL, peintre et graveur à l'eau-forte, naquit à Bologne en 1665. et mourut dans la même ville en 1747. Il travailla d'abord sous la conduite d'Ange-Michel Toni, de Dominique Canuti, et enfin de Carlo Cignani. Il se forma surtout par l'étude des célèbres peintres de l'Ecole Vénitienne, du Baroche et de Rubens. Aussi devint-il grand coloriste. Il se plaisoit à représenter des nuits et des mers tourmentées de la tempête. Ses tableaux, dans lesquels il a cru pouvoir remplacer le génie par la bizarrerie, sont terminés avec un grand soin. Il en a fait un grand nombre qui représentent des carricatures et des sujets facétieux. Il étoit fort aimé du Pape Benoît XIV. Crespi laissa trois fils qui ont eu tous trois quelque succès dans les arts et dans les lettres.

Il a gravé un assez bon nombre d'estampes dont plusieurs ont paru sous le nom de Mattioli. Elles sont assez rares.

1. Portrait du P. Michelangelo Tamburini, (*Prepofito generale del Giefuiti*) Pièce très-rare.
2. Le Massacre des Innocens, grande composition, gravée des deux côtés de la planche. Gr. in-fol. en t. L'un de ces côtés a été retouché et gâté.
3. 4. Deux Résurrections, deux pièces gravées dans le goût de Rembrandt. In-fol.
5. Le Crucifix miraculeux de Pistoya, sous le nom de deux de ses fils.
6. Un St. Antoine, en Ovale, dans le goût de Rembrandt.
7. St. Pascale, qui vole au milieu des flammes; pièce portant le nom d'un des fils du peintre.
8—12. Cinq pièces, représentant des Métiers, dans le goût de S. Rosa.
13. Berger qui dort, et Berger qui fait signe de ne pas l'éveiller. In-fol.

Les graveurs qui ont travaillé d'après Crespi,

PIETRO DA PIETRI, ou PITRI, peintre et graveur à l'eau-forte, naquit à Prémia dans l'état de Milan en 1665. et mourut à Rome en 1716. Il apprit les principes de son art d'abord chez Jos. Ghezzi, puis chez Carl Maratte, qui l'employa à dessiner quelques-uns des principaux tableaux de Raphaël, ainsi que ceux d'autres grands maîtres d'Italie. Après la mort de Maratte, Petri eut la réputation d'un bon peintre. Dans les églises de Rome on voit de ce maître des tableaux à l'huile et des peintures à fresque qui ont leur mérite. Parmi les pièces qu'il a gravées d'après sa composition, on cite de préférence les suivantes:

1. L'Assomption de la Vierge. *P. de Petri inv.* In-fol.

2. St. Laurent Justinien, à qui la sagesse divine se communique. Petit in-fol.

Le C. de Caylus, N. le Sueur, J. Jer. Frezza, B. Thiboust, ont gravé d'après lui.

Son neveu et disciple, Barthelemi de

Pietri, s'est uniquement livré à la gravure à l'eau-forte.

Antoine Lorenzini, connu sous le nom de Frere Antoine, peintre et graveur à l'eau-forte, né à Bologne en 1665 et mort dans la même ville en 1740. Il apprit la peinture chez Laurent Pasinelli, qu'il quitta ensuite pour se livrer entièrement à la gravure à l'eau-forte. Comme il dessinoit un tableau dans l'église de St. François de Bologne, tableau qui représente St. Antoine délivrant son père du purgatoire, il prit du goût pour la vie religieuse et entra dans l'Ordre des Franciscains, sans discontinuer de cultiver la gravure. En 1699 il s'étoit rendu à Florence, où il eut grande part aux planches de la Galerie du Grand-Duc de Toscane, conjointement avec Théodore Ver-Cruys, Côme Mogalli, Pichianti etc. Puis il retourna à Bologne, où, pendant son absence, il avoit été élu membre de l'Académie Clémentine. Artiste laborieux, il a laissé un grand nombre d'estampes d'après différens maîtres; elles ont le mérite de faire connoître les originaux de plusieurs grands peintres.

F. A. LORENZINI. 89

1. Le Miracle opéré par St. Antoine de Padoue, d'après L. Pasinelli; pièce ceintrée. Gr. in-fol.

2. Le Martyre de Ste. Ursule et de ses compagnes, d'après le même. Gr. in-fol. en t.

3. La Prédication de St. Jean-Baptiste dans le désert, d'après le même. Gr. in-fol. en t.

4. Jésus-Christ dans sa gloire, avec d'autres figures, d'après L. Carrache. In-fol.

5. La Vierge en demi-figure, avec l'enfant Jésus, d'après Aug. Carrache. In-fol.

6. St. Dominique ravi dans le ciel, accueilli par Jésus-Christ et la Vierge, au milieu d'un concert d'Anges, d'après le tableau du Guide, conservé à l'église de St. Dominique de Bologne. Gr. pièce ceintrée.

7. St. Philippe Neri à genoux devant un tableau de la Vierge, entourée d'Anges, d'après Carle Maratti. Gr. in-fol.

8. St. Jean porté sur les nues, entouré d'Anges, d'après le Corrège. De la Galerie de Florence. Gr. in-fol.

9. L'Annonciation, d'après P. Véronese. Ibid. Gr. in-fol. en t.

10. Le Bâtême du Sauveur, d'après le même. Ibid. Gr. in-fol.

11. Le Lazare ressuscité, d'après le même. Ibid. Tr. gr. pièce en 3. feuilles.

12. Jésus-Christ passant la mer avec St. Pierre, pendant que les Apôtres pêchent. D'après L. Cardi. Ibid. Gr. in-fol.

13. Vénus couchée, et deux Amours qui jouent avec les colombes, d'après Carlo Cignani. Ibid. Gr. in-fol. en t.

14. La Construction de l'Arche de Noé, d'après Jac. Bassano. Ibid. Gr. in-fol. en t.

15. St. Augustin dans les airs, environné d'une gloire et regardé par un peuple nombreux, d'après le Tintoret. Ibid. Gr. In-fol.
16. Joseph vendu par ses Freres, d'après Andr. de Sarto. Ibid. Gr. In-fol. en t. 2 feuilles.
17. Joseph gouvernant l'Egypte. Id. Ibid. de même.
18. Saül, et David avec la tête de Goliath, d'après le Guerchin. Ibid. In-fol. en t.
19. Les Pélerins d'Emaüs, reconnaissant Jésus à la fraction du pain, d'après le même. Ibid. In-fol. en t.
20. St. Pierre délivré de prison, d'après le même. Ibid. In-fol. en t.
21. Les Saintes Femmes au sépulcre, d'après P. de Cortone. Ibid. Gr. In-fol. ceintré.
22. Sainte Marguerite de Cortone, à laquelle la Vierge apparoît dans les nues, d'après Gab. Caliari. Ibid. Gr. In-fol.

Antoine Balestra, peintre et graveur à l'eau-forte, naquit à Vérone en 1666. et mourut dans la même ville en 1740. S'étant rendu à Venise, il fréquenta l'école d'Antoine Bellucci. De-là il passa à Rome, où il se mit sous la conduite de Carle Maratte, et en 1694. il remporta le premier prix à l'Académie de St. Luc. Il alla ensuite à Naples pour y observer les beautés particulieres aux peintres de ce royaume. De toutes ces observations il se forma un bon caractere de dessin, une grande et large manière, une belle façon de composer. Il eut de la grace, de l'effet, de l'accord, et l'on voit de fort belles têtes dans ses tableaux, surtout dans ceux des églises de Venise et de Vérone. On fait une remarque particuliere sur ce peintre, c'est qu'il peignoit mieux dans sa vieillesse que dans sa jeunesse.

On sait de Balestra quelques estampes de sa composition, exécutées d'une pointe très-spirituelle et agréable.

1. Tête d'un Guerrier, esquisse marquée AB. In-12.

2. Un Soldat debout, parlant à un autre qui est assis.

3. Une Vierge assise dans les nues avec l'enfant Jésus, à que le petit St. Jean présente une discipline. *Mater pulchrae dilectionis. Antonius Balestra inv. et fecit 1704.* In-8.

4. Les trois Anges chez Abraham, moyenne pièce.

5. Vignette avec deux figures qui tiennent un drapeau. *Verona fidelis.* AB. F. L. In-12.

6. Portrait de l'Architecte Michel San Michele, avec des attributs, pièce marquée de son chiffre. In-fol.

Les graveurs, qui ont travaillé d'après lui sont: Le Comte Rotari, P. Monaco, Fr. Bartolozzi, J. Wagner, P. A. Kilian, J. Frey, J. D. Ertinger, C. Orsolini, J. Baroni, A. Luciani, F. Zucchi &c.

B. LUTTI.

Benoit Lutti, peintre et graveur à l'eau-forte, naquit à Florence en 1666. et mourut à Rome en 1724. Dès l'âge de vingt-quatre ans, il vint dans cette dernière ville, fréquenta l'école de D. Gabbiani, étudia l'Antique et les tableaux des grands maîtres. Différent de la plupart des peintres de son pays, il s'appliqua singulièrement au coloris. Son pinceau a de la force et de la fraîcheur; il savoit donner de l'harmonie à sa couleur, et de l'expression à ses figures. Avec nombre de belles parties, il n'étoit pas toujours correct dans les formes. Lutti peignit un grand nombre de tableaux de chevalet qui le firent connoître dans presque toutes les cours de l'Europe. Ses principaux ouvrages se voient à Rome au Palais Albani. Son école étoit très-fréquentée. Un grand tableau, qu'il avoit peint pour l'Eglise cathédrale de Pise, représente St. Ranieri, qui change ses habits de prince contre un froc de moine. On y trouve de belles têtes, une bonne ordonnance, par-ci par-là un beau coloris: mais en général ce morceau est maniéré, et a trop de ce que les Italiens appellent *Sfumato*. Lutti avoit formé un Cabinet d'excellens dessins, qui à sa mort se montoient à 14565. morceaux, et dont Guillaume Kent, peintre anglois, fit l'acquisition.

Nous ne connoissons de sa main que deux estampes qui sont assez rares, savoir :

1. Un Christ sur la croix, au pied de laquelle sont la Vierge, St. Jean et la Madéleine. P. in-fol.
2. Un Paysage d'après le Guerchin. In-fol. en t.

Les graveurs, qui ont travaillé d'après Lutti, sont : Wagner, Bonnet, Farjat, Beauvais, Bartolozzi, etc.

I. CÔME MOGALLI, dessinateur et graveur à l'eau-forte et au burin, né à Florence en 1667. et mort dans la même ville vers 1730. Il apprit le dessin de Jean Baptiste Foggini, sculpteur florentin : on ignore de qui il apprit la gravure. Par ordre du Grand-Duc de Toscane, il travailla, avec Antoine Lorenzini et d'autres graveurs, au Recueil d'estampes d'après les Tableaux de la Galerie de Florence. Côme travailla aussi d'après Sante di Tito, J. Susterman, F. Perucci &c.

A. *Les estampes suivantes sont d'après la Galerie de Florence.*

1. Sainte Famille, ou Repos en Egypte, d'après l'Albane. In-fol. en rond.

NICOLAS MOGALLI.

2. Autre Sainte Famille, d'après le Correge. In-fol.
3. Supplice de Marsias, d'après le Guerchin. Gr. in-fol.
4. La Madeleine pénitente, portée au ciel par un Ange, d'après Cagnacci. Gr. in-fol.
5. Eve présentant la pomme à Adam, d'après Gabr. Caliari. In-fol.
6. Adam et Eve, menacés par l'Ange exterminateur, d'après le même. In-fol.
7. St. Benoît instituant les Ordres monastiques, d'après P. Véronese. Gr. in-fol.
8. Jésus à table avec les Pélerins d'Emaüs, d'après Palme le vieux. Gr. in-fol.
9. Le Mariage de Ste. Catherine, d'après Fra Bartolomeo. Gr. in-fol.
10. *Virtutes. Amor et Numen*, figure allégorique, d'après Riminaldi. In-fol.
11. David et Bethsabé d'après Fr. Salviati. Gr. in-fol.
12. L'Annonciation, d'après And. del Sarto. Gr. in-fol.
13. L'Adoration des Bergers, d'après le Titien. Gr. in-fol.
14. Danse bacchique de quatre figures, d'après le même. Gr. in-fol.
15. Philippe II. Roi d'Espagne. *Philippus secundus*, d'après le même. Gr. in-fol.

II. NICOLAS MOGALLI, dessinateur et graveur au burin, né à Florence en 1723. Fils de Côme, il apprit le dessin de François Conti et la gravure de J. D. Picchianti.

Vers 1750, il alla à Rome, où il travailla beaucoup pour le célèbre Winkelmann, qui le mit sur son testament. Sa sœur, Thérèse Mogalli, apprit à dessiner chez Vercruys, et à graver chez Pichianti. Le frère et la sœur ont gravé d'après les tableaux du Grand-Duc. Nicolas a eu aussi part aux gravures du Cabinet de Portici.

Nicolas Mogalli a gravé, d'après les dessins de Jean-Casanova, les planches pour les *Monumenti antichi inediti spiegati & illustrati da Giovanni Winkelmann. Roma 1767.* In-fol.

JACQUES-MARIE GIOVANINI, ou JUVANIUS, peintre et graveur à l'eau-forte et au burin, né à Bologne en 1667. et mort à Parme en 1717. Il apprit les principes de son art sous Antoine Roli. Après avoir étudié les ouvrages des grands maîtres, il peignit plusieurs tableaux pour les Eglises et les Palais de Bologne. De-là il s'appliqua à la gravure, en faisant usage de la pointe et du burin. Il exécuta différens grands ouvrages d'après L. Carrache et le Corrège. Ce qu'il a gravé de

J. M. GIOVANINI.

plus considérable, c'est le nombreux Cabinet des Médailles du Duc de Parme en plusieurs Volumes in-folio. Ses estampes sont en général d'une bonne exécution, et passablement finies; mais elles sont destituées d'effet, et péchant quelquefois contre le dessin.

1. Les Peintures du Cloître de St. Michel in Bosco, exécutées par L. Carrache et par d'autres excellens maîtres de son école. Suite composée de 19 planches. In-fol.

2. La Coupole de l'Eglise de St Jean des Bénédictins à Parme représentant l'Ascension du Sauveur, gravée en 12. planches, par Giac. Maria Giovaninni, 1700. d'après les fameuses peintures du Correge, qui n'existent plus.

3. La Vierge assise dans un paysage, l'enfant Jésus dans ses bras; d'un côté St. Jérôme et de l'autre la Madeleine qui baise les pieds de l'enfant; très-grande pièce, gravée aussi par Aug. Carrache et par R. Strange, et nommée communément le Jour du Correge.

4. La Vierge assise sur un piedestal, tenant l'enfant Jésus; tableau fameux connu sous la dénomination de St. George, qui est la principale figure, chef-d'œuvre du Correge. *I. M. Juvanius sc. aqua fort.* Très-gr. pièce, gravée aussi par Beauvais, pour la Gal. de Dresde.

5. St. Sébastien, attaché à un arbre, les mains derrierre le dos, d'après L. Carrache. In-fol.

6. Jésus donnant la Communion à ses Apôtres, d'après Marc-Antoine Franceschini. *Iac. Maria Joaninus incid.* Pièce capitale du graveur; très-gr. in-fol.

ANDRE

A. PROCACCINI.

ANDRÉ PROCACCINI, peintre et graveur à l'eau-forte, né à Rome en 1667. et mort en Espagne en 1734. Disciple de Carle Maratte il fut un des habiles artistes, choisis par le Pape Clement XI. pour peindre les douze Prophetes de l'ancien Testament en 12. grands tableaux destinés à la décoration de l'église de St. Jean de Latran. André peignit le Prophète Daniel. Dans les Eglises et les Palais de Rome on voit encore de sa main d'autres tableaux. En 1720. il fut apellé en Espagne et nommé peintre du Cabinet royal. Il décora les Palais du Roi, et mourut à St. Ildefonse en 1734. Procaccini à gravé à l'eau-forte différentes pièces, tant de sa composition que d'après d'autres maîtres.

1. Les Disciples d'Emaüs à table, d'après Raphael. P. in-fol.

2. L'Ascension du Sauveur, d'après le même. In-fol.

3. Grouppe de plusieurs figures, où se voit le Fils qui porte son Pere sur le dos, d'après Raphael. In-fol.

4. La Naissance de Bacchus, d'après C. Maratte. In-fol. en t.

5. Diane à la chasse, d'après le même. In-fol. en t.

6. Diogène jettant sa tasse, à la vue d'un jeune garçon

J. D. PICCHIANTI.

qui boit dans le creux de sa main, d'après le même. In fol.

7. Clélie et ses compagnes passant le Tybre à la nage, d'après le même. Gr. p. en t.

JEAN-DOMINIQUE PICCHIANTI, dessinateur et graveur à l'eau-forte, né à Florence vers 1670. Il apprit les principes du dessin de J. B. Foggini, sculpteur, et grava plusieurs tableaux de la Galerie de Florence, conjointement avec Lorenzini, Ver-Cruys, et Mogalli. Aujourd'hui les amateurs recherchent les premieres epreuves de ces graveurs. Pichianti a gravé plusieurs beaux portraits, entr'autres :

1. Portrait d'une femme inconnue, d'après Raphael. In-fol.
2. Portrait en pied de Sébastien del Piombo, d'après le Titien de la Gal. de Florence. Gr. in-fol.
3. Portrait du Cardinal Bentivoglio, d'après van Dyck. Gr. In-fol.
4. Le Pape Léon. X. avec les Cardinaux Louis de Rossi et Jules de Médicis, sur une même planche, de la Galerie de Florence, d'après Raphael. Gr. in-fol.

C'est ce tableau qu'André del Sarto avoit si parfaitement copié, que Jules-Romain, qui avoit peint les draperies sous les yeux de Raphael, le prit pour l'original.

5. La Vierge assise sur une chaise, ou la fameuse Madonna della Sédia de Raphael. De la Gal. de Florence.

Pièce souvent gravée, et en dernier lieu par Raph. Morghen.

6. La Vierge, en demi-figure, avec l'enfant Jésus qui embrasse sa mere et derriere eux le petit St. Jean, d'après le Carrache. In-fol.

7. Le Tribut de César, nommé communément: *Il Christo della monetta.* D'après le Titien. De la Gal. de Florence. Gr. in-fol.

8. La Vierge tenant dans ses bras l'enfant Jésus qui lui montre une poire, d'après le Titien. De la Gal. de Florence. Gr. in-fol.

9. Agar retourne à la maison d'Abraham, d'après P. de Cortone. De la Gal. de Florence. Gr. in-fol.

FRANÇOIS-ANTOINE MELONI, graveur à l'eau-forte, né à Bologne vers 1670. et mort à Vienne en 1713. Son premier dessin avoit été d'embrasser la peinture; pour cet effet il essaya de plusieurs maîtres, et se mit aussi sous la direction de Marc-Antoine Franceschini: mais se trouvant peu de disposition pour cet art, il se mit à graver d'après les tableaux de son maître, ainsi que d'après ceux de divers Peintres Bolonois. Il travailla aussi quelque tems à Vienne, où il mourut dans la maison de son compatriote, Ferdinand Bibiena. Parmi les estampes qu'on a de sa main l'on distingue :

1. L'Adoration des Bergers, d'après Carle Cignani. In-fol.
2. L'Aurore, plafond peint à Forli, d'après le même. In-fol.

PIERRE-LEON GHEZZI, peintre et graveur à l'eau-forte, né à Rome, en 1674. mort dans la même ville en 1755. Il fut élève de son pere, Joseph Ghezzi, habile architecte, et se distingua de bonne heure dans la peinture par des ouvrages publics. Ghezzi travailla pour plusieurs Princes, entre autres pour le Duc de Parme, qui le fit Comte Palatin et Chevalier de l'éperon d'or. Benoit XIV. le nomma Directeur de la Manufacture des Mosaïques et des Tableaux de ses Palais et de ses Galeries. Ghezzi peignoit en émail et gravoit sur les pierres fines. Il avoit un talent singulier pour les caricatures. A sa mort il en laissa un recueil de 400. feuilles qui furent vendues au plus offrant. Ces caricatures représentoient d'une manière risible des Cardinaux, des Princes, des Princesses, des Ambassadeurs &c. et toujours avec des physionomies très-ressemblantes. Il a gravé d'une pointe très spirituelle plusieurs morceaux, tant de sa composition que de celle de son pere.

1. La Vierge et l'Enfant, demi-figures, d'après Jos. Ghezzi, pièce marquée : *Petrus Leo Ghezzius del. et sc. Romae* 1700. In-4.
2. *Abb. Petro Palatio. I. V. D. Prothonot. P. Leo Ghezzius ad vivum del. sc. & dicavit.* In-4.
3. *Sigr. Nicola Zabbaglia Ingegniere della Fabbrica d. S. Pietro.* In-fol.

JACQUES AMICONI, peintre et graveur à l'eau-forte, né à Venise en 1675. et mort à Madrid en 1758. Il apprit les élémens de la peinture dans sa patrie, et peignit l'histoire et le portrait. A Venise il a peint deux tableaux d'autel pour les P. P. de l'Oratoire, morceaux qui attestent des talens non communs ; on y remarque un bon coloris et des expressions délicates. Un tableau qu'il a fait pour l'Eglise de St. Eustache représente Ste. Cathérine et St. André ; il est bien dessiné, et peint dans une manière tendre, mais doucereuse, et dans une couleur jaunâtre. Amiconi a beaucoup voyagé ; il a peint dans plusieurs villes, sur-tout à Munich et à Londres, et finit sa carrière à Madrid. Il a gravé pour son amusement quelques estampes d'une pointe agréable, mais molle; et c'est lui qui a instruit dans la gravure Joseph Wagner, son domestique, qui fut à son tour le maître de François Bartolozzi.

Charlotte Amicona, sœur du peintre, a gravé à Londres en manière noire: Une Danseuse de Théâtre, avec quatre vers anglois: *The fair Auretti* etc. in-fol.

Eaux-fortes du peintre.

1. Le Sauveur, demi-figure, pièce intitulé: *Salvator mundi*. In-8.
2. Jupiter et Calisto, avec l'inscription: *Giove di Cinthia*. In-fol. en t.
3. Zephire et Flore, avec l'inscription: *A. Zefiro da cui* etc. In-fol. en t.
4—7. Les quatre Elémens, dans le goût de Watteau, pièces in-fol. Savoir: 1) Un jardinier qui offre un bouquet à une jeune fille. La Terre. 2) Un paysan et une paysanne qui s'enfuyent de leur cabane embrasée. Le Feu. 3) Un paysan, tenant un nid d'oiseau, le présente à une jeune fille. L'Air. 4) Un pécheur présentant un poisson à une jeune fille. L'Eau.

Les artistes, qui ont gravé d'après Amiconi, sont: Beauvais, Wagner, Bartolozzi, Vertue, Baron, Volpato, Simon, Flipart etc.

F. F. AQUILA.

1. FRANÇOIS FARAONIUS AQUILA, peintre et graveur à l'eau-forte, né à Palerme vers 1676. et établi à Rome au commencement de ce siècle. François et Pierre, deux frères, et tous deux grands dessinateurs, ont publié à Rome d'excellentes estampes gravées à l'eau-forte, d'après les plus grands maîtres d'Italie. On reproche à la pointe de François un peu de maigreur, mais il dédommage d'ailleurs par une conduite savante de son outil. François a aussi gravé d'après ses propres compositions. L'ouvrage le plus considérable, qu'il nous ait donné, c'est la suite des Loges du Vatican, suite qui a paru sous le titre: *Picturæ Raphaelis Urbinatis ex aula & conclavibus Palatii Vaticani, in aereas tabulas nunc primum omnes deductæ. Typis ac sumtibus Dominici de Rossi. Franc. Aquila del. & incid. 1722.* en 22. grandes pièces avec le titre.

1. Sainte Rosalie, de sa composition. In-fol.
2. Mars, ayant suspendu ses armes à un arbre, de même. Gr. in-fol.
3. Le Cardinal Casini, Capucin. In-fol.
4. Le Cardinal Joseph-Marie de Thomasis, d'après P. Nelli, 1711. In-fol.
5. La Sainte Cène, d'après l'Albane, avec l'inscription: *Unus ex vobis &c.* Gr. in-fol. en t.

6. La première Voûte de Mosaïque dans l'Eglise du Vatican, d'après Ciro Ferri; grande pièce en rond, gravée en 1696. faisant partie des trois suivantes.

7. 8. Deux Coupoles, l'une dans la Chapelle du S. Sacrement et l'autre dans l'Eglise de St. Sébastien au Vatican, d'après Pietre de Cortone; grandes pièces en rond.

9. Autre Coupole, peinte par le même dans l'Eglise neuve des P. P. de l'Oratoire de St. Philippe Neri; grande pièce en rond.

10. Grouppe d'un Héros à qui Pallas offre une couronne de laurier et Mars une épée; d'après Ant. Bonfigli. In-fol.

11. Bataille de Constantin et de Maxence, d'après la peinture de St. Jean de Latran d'And. Camassei; grande pièce en t.

12. Triomphe de Constantin. *Ibid. id. p.* Pièce semblable.

13. Corps de Jésus-Christ sur les genoux de sa Mère, accompagnée de la Madéleine et de St. François; d'après le Carrache. Gr. in-fol.

14. L'Arrivée du Corps de Ste. Hélene, annoncée par un Evêque à la Ste. Vierge. In-fol.

15. Repos dans la Fuite en Egypte, où la Vierge est assise sous un arbre avec l'Enfant, pendant que S. Joseph, vu dans le lointain, travaille à son métier.

16. La Barque de St. Pierre, d'après le tableau de Lanfranc, qui étoit alors à l'Eglise de St. Pierre, et qui est aujourd'hui exécuté en mosaïque. Gr. in-fol.

17. Notre Seigneur dans sa gloire, avec la Ste. Vierge, St. Ambroise et St. Charles Borromée à genoux, d'après le tableau de Carle Maratti du grand autel de l'Eglise de S. Charles al Corso à Rome. Grande pièce.

18. La grande Voûte de St. François Xavier à Naples, peinte par Paul de Mattheis, et gravée en trois grandes pièces, représentant le Saint qui renverse l'Idolâtrie, l'Hérésie et le Mahométisme.
19. Vénus dans les airs, montrant à Enée des armes attachées à un arbre, d'après le Poussin. Gr. p. en t.

François Aquila a gravé encore un grand nombre de Statues et de Bas-reliefs, tant anciennes que modernes.

II. PIETRO AQUILA, peintre et graveur à l'eau-forte, né à Palerme vers 1677. A l'exemple de son frère il étoit venu s'établir à Rome. Il avoit embrassé l'état ecclésiastique, et avoit même pris les ordres; mais cela ne l'avoit pas empêché de s'appliquer à la gravure et aux arts de dessin. Nous avons de lui un grand nombre d'estampes, tant de son invention que d'après d'autres maîtres. Pierre, aussi habile dessinateur que François, l'emporte sur son frère par le maniment de son instrument; on connoît de lui des estampes d'une pointe très-moëlleuse.

A. *Pièces de son invention.*

1. Adoration des Rois; pièce in-fol.
2. Fuite en Egypte; pièce dédiée à B. C. de Vingtimilliis. Gr. in-fol.

3. Sainte Famille, où St. Jean baise le pied de l'enfant Jésus, demi figures. In-fol.

4. Combat de deux Lions, emblême avec l'inscription: *Spe suscitat iras.* In-fol. en t.

5. Portrait de Livio Odescalchi, avec ornemens. Gr. in-fol.

6. Suite de Portraits des Empereurs romains, tirés des anciennes Médailles et arrangés suivant l'ordre chronologique, depuis Jules César jusqu'à l'Empereur Léopold. En 14. grandes feuilles.

B. *Pièces d'après divers maîtres italiens.*

1. St. Luc, Patron de l'Académie de dessin, avec la devise: *Ferax cum feriunt &c.* d'après Lazaro Baldi. In-fol.

2. Sacrifice de Polixene, d'après P. de Cortone. Gr. in-fol. en t.

3. Sacrifice à Diane au retour de la chasse, d'après le même. Gr. in-fol. en t.

4. L'Enlévement des Sabines, d'après le même. Gr. in-fol. en t.

5. Triomphe de Bacchus, Bacchanale, d'après le même. Gr. in-fol. en t.

Quatre morceaux très-estimés.

6. Bataille d'Arbelle d'Aléxandre contre Darius, d'après le même. Grande pièce en deux planches et en t.

7. Moïse prenant la défense des filles de Jéthro à la fontaine, d'après Ciro Feri. Grande pièce en t.

8. Moïse frappant le rocher, d'après le même. Pièce semblable.

9. La Sainte Vierge apparoissant à St. Alesio, de l'Ordre de St. François, couché sur son lit et couronné d'étoiles; d'après le même. Pièce en rond.

10. Les Vestales entretenant le feu sacré par l'ordre d'Auguste; d'après le même. Grande pièce en t.
11. La Sainte Vierge dans les cieux, avec les cinq Saints, canonisés par le Pape Clément X. dont celui avec le crucifix au pistolet; d'après Carle Maratti. Gr. in.fol.
12. Le Triomphe du Christianisme, où se voit la Religion assise sur les nues, recevant l'hommage des quatre parties du monde; d'après le même. Gr. in-fol.
13. St. Luc montrant à la Vierge le portrait qu'il a peint d'après elle. *Carle Maratti pinx.* In-fol.
14. La Mort de la Sainte Vierge en présence des Apôtres; d'après J. Morandi. Gr. in-fol. en t.
15. La Bible de Raphael. *Imagines Veteris ac novi Testamenti, a Raphaele Sanct. Urbin. in Vaticano pictæ. Jo. Jac. de Rubeis sumtibus.* 55. feuilles in-fol. en t.

Cesare Fantetti a dessiné et gravé les 36. premiers sujets de cette Bible; tous les autres sont de P. Aquila, et d'une exécution infiniment supérieure à celle de Fantetti.

16. La Galerie du Palais Farnese, avec les statues et les ornemens, ainsi qu'une description en vers de Jean Pierre Bellori, en 25. feuilles. Gr. in-fol.
17. La Chambre du Palais Farnese. *Imagines Farnesiani Cubiculi*; avec les ornemens et ses inscriptions de Bellori; 13. feuilles avec le titre. In-fol. en t.
18. L'Assemblée des Dieux, peinte dans le jardin du Prince Borghese près de Rome, appellé: La Villa Pinciana, sous le titre: *Deorum Concilium ab Equite Joanno Lanfranco Parmensi, tum spirantibus ad vivum imaginibus, tum monocromatibus atque ornamentis artis*

mire pingendi arte expressum a Petro Aquila ad similitudinem delineatum & incisum Romæ. Chez Rossi; 9. feuilles, gr. in-fol.

Voyez pour le reste de l'œuvre des Frères Aquila, le *Dictionnaire des Artistes de M. de Heinecke*, Tome premier.

Marco Ricci, peintre et graveur à l'eau-forte, né à Belluno en 1680. et mort à Venise en 1730. Il fut disciple de son oncle, Sébastien Ricci, et devint habile peintre de paysages et d'architecture. Il travailla pour Venise et pour l'Allemagne, mais particulièrement pour l'Angleterre où ses paysages furent très-recherchés. En 1710. il passa à Londres, où il s'acquit une grande réputation. Outre les paysages qu'il peignit pour les Grands du royaume, il aida aussi son oncle, qui s'étoit rendu pareillement en cette ville. Ils peignirent à l'huile et à fresque, et ces différens ouvrages plurent beaucoup à la Reine Anne et à toute la Cour. De-là l'oncle et le neveu retournerent dans leur patrie, où Marco peignit sur des peaux en détrempe des paysages de moyenne grandeur, très-recherchés des amateurs. Ricci a gravé un bon nombre de paysages à l'eau-forte, qu'il ornoit de jolies figures et de belles fabriques; mais on y désireroit plus d'effet et une exécution plus soignée. Malgré ces défauts ils sont toujours recherchés. Ce que Ricci a fait de plus considérable dans ce genre c'est un suite de 23. feuilles y compris le titre que voici:

Varia Marci Ricci Pictoris præstantissimi experimenta ab ipsomet auctore inventa, delineata atque incisa & a me Carolo Orsolini Veneto incisore in unum collecta &c. Anno 1730. Venetiis. In-fol. de différens formats.

Jambicoli, Bartolozzi, Spilsbury, Newton, Fossati etc. ont gravé d'après Ricci.

I. Antoine Marie Zanetti, le vieux, Amateur, graveur à l'eau-forte et en clair-obscur; né à Venise en 1680. et mort dans la même ville en 1757. Il apprit le dessin dans sa plus tendre jeunesse, et dès l'âge de quatorze ans il grava quelques têtes et figures qu'il dédia au fameux Médecin anglois, le D. Mead. Il étoit possesseur d'un cabinet précieux de livres, d'estampes, de dessins, de tableaux, de pierres gravées antiques, et autres curiosités. Zanetti renouvella la manière d'Hugo da Carpi, d'imprimer les tailles de bois et les gravures en cuivre avec trois jusqu'à quatre formes et planches, et il fit toutes les avances possibles pour faire prospérer ces arts. Cependant peu d'années avant sa mort il brûla toutes les formes qu'il avoit faites pour ses impressions, de sorte que son recueil de camaïeux commence à devenir rare. On reconnoît ses profondes connoissances dans les beaux arts par la correspondance qu'il entretint avec plusieurs amateurs; on la trouve dans le Recueil des lettres écrites par des peintres et qui a été publiée à Rome sous le titre: *Lettere su la Pittura* &c., lettres dont nous avons déja parlé. Nous commencerons la liste de ses ouvrages par une suite d'études qu'il avoit dessinées et gravées d'une pointe très-spirituelle, dans un court séjour qu'il avoit fait à Londres.

1. Suite d'Etudes consistant en têtes, en figures &c, 12. feuilles.
2. Suite de 12 sujets de Figures d'hommes et d'animaux gravés à l'eau-forte d'après B. Castiglione, dont les dessins faisoient partie de sa collection.
3. Recueil de Pierres antiques gravées, avec les remarques de Gori, et 80. planches d'estampes.
4. Une suite de 99. sujets, gravés en bois et imprimés en clair-obscur, d'après les dessins de Raphael et du Parmesan.

Nous avons dit ci-dessus que les planches ont été détruites; ce qui est aussi confirmé par Jos. Strutt; cependant Basan veut, que les planches aient passées à Londres.

5. Une suite des Statues de la salle qui conduit à la Bibliothéque des Palais de St. Marc.

II. ANTOINE-MARIE ZANETTI LE JEUNE, amateur et graveur à l'eau-forte, né à Venise vers 1720. Zanetti le jeune étoit neveu de Zanetti le vieux. Il étoit Bibliothécaire de St. Marc, et avoit tous les goûts et toutes les connoissances de son oncle. En 1760. il publia un excellent ouvrage, orné de 80. estampes, dessinées et gravées à l'eau-forte par l'éditeur. Cet ouvrage porte pour titre:

Varie Pitture a fresco de principali Maestri Veneziani &c.

I. ANDRÉ ZUCCHI, peintre de théâtre, graveur à l'eau-forte et au burin, né a Venise vers 1680. André a beaucoup travaillé dans sa patrie. On a de sa main une suite de 12. planches, représentant les Habillemens des Vénitiens et nombre de pièces qu'il a faites pour les libraires. En 1726. il fut appellé à

Dresde, pour peindre les décorations des opéras qu'on y joüoit. Au bout de quelques années de séjour dans cette résidence, il retourna dans sa patrie, où il continua d'exercer la gravure. Ce qu'André a produit de plus considérable en ce genre, ce sont les planches qui forment le Recueil d'estampes publié par Louisa, d'après les plus beaux tableaux conservés dans les endroits publics de Venise. Nous nous contenterons d'en rapporter les morceaux suivans:

1. L'Ange Raphael, conduisant le jeune Tobie, d'après le Titien, le tableau à St. Martiale. Gr. in-fol.
2. St. Jean l'Evangéliste, d'après le même; le tableau est à l'école de St. Jean. Gr. in-fol. en t.
3. St. Barnaba Vescova, St. Pierre, St. Jean l'Evangéliste et d'autres Saints. D'après le tableau de D. Varotari, à l'église de St. Barnaba. Gr. in-fol.
4. St. Jean-Baptiste, d'après le tableau de P. Véronese, à l'église de St. Geminien. Gr. in-fol.
5. Martyre souffert par Paul Erizzo pour la foi et pour la patrie. D'après la peinture de P. Longho, dans la salle du grand Conseil. Gr. in-fol. en t.
6. La Nativité de la Vierge, d'après le tableau de Nic. Bambini à l'Eglise de St. Etienne. Gr. In-fol.
7. La Manne dans le désert, d'après Joseph Porta; le tableau à Ste. Marie della Salute. Gr. in-fol. en rond.
8. Cibelle sur son char traîné par des lions et la tête couronnée de tours; sujet peint à fresque par le Tintoret. Gr. in-fol.

9. L'Aurore

F. ZUCCHI.

9. L'Aurore enlevant Titon, autre sujet peint à fresque, par le même. Gr. in-fol.
10. Enée, fuyant le sac de Troie, emporte son père Anchise et emmène son fils Jules; d'après Seb. Ricci. Gr. in-fol.

II. FRANÇOIS ZUCCHI, dessinateur et graveur au burin, naquit à Venise en 1692, et mourut dans la même ville en 1764. Frère puîné d'André il apprit les élémens de la gravure de son aîné et se distingua dans son art à force de l'étudier. En 1750, il fut appelé à Dresde pour graver quelques tableaux de la Galerie. La guerre dont peu d'années après la Saxe fut le théâtre, l'obligea de retourner dans sa patrie, où il travailla beaucoup pour les libraires. Il a gravé quelques morceaux pour la Galerie de Dresde, dont les deux suivans:

1. Portrait d'un Espagnol en buste, d'après Rubens. In-fol.
2. Portrait d'une Femme qui ressemble à la première femme de Rubens, d'après le même.
3. Portrait de Jacques-Antoine Murani, d'après Jean da Antona; ovale in-fol.
4. Sainte Hélène adorant la Croix, d'après Jean Bettini Cignaroli. In-fol.
5. La Religion martyrisée: *Acta Martyrum*, Allégorie. *Ant. Balestra inv.* In-fol.

IV.   H

6. La Religion et les Sciences qui contemplent le Portrait d'un Cardinal. *Id. inv.* In-fol.

7. Un Apollon debout, avec sa lyre, pièce entourée d'une bordure d'ornemens. *Id. inv.* Gr. in-4.

III. LAURENT ZUCCHI, graveur à l'eau-forte et au burin, né à Venise en 1704. et mort à Dresde en 1779. André Zucchi, son pere, ayant été appellé à Dresde en 1726. pour travailler aux décorations des opéras, amena son fils avec lui. Laurent, qui avoit puisé les élémens de la gravure à Venise, dans la maison paternelle, continua de cultiver cet art avec tant de succès à Dresde, qu'il fut nommé graveur de la Cour en 1738. Il a gravé le portrait et l'histoire. La plupart des pièces de ce dernier genre sont gravées d'après les tableaux de la Galerie de Dresde; mais elles n'ont pas toutes eu l'approbation du Roi Auguste III. et plusieurs ont été rejettées: cependant quelques unes se trouvent inserées dans le Recueil des Estampes de cette Galerie.

A. *Portraits.*

1. Hermann-Charles Keyserling, Comte du St. Empire, d'après Anne-Marie Werner. Gr. in-fol.

L. ZUCCHI.

2. Jean-Frédéric, Prince de Sapieha. *A. L. Munyocki pinx.* Gr. in-fol.
3. Bonaventure Rossi, peintre d'Auguste III. *Giac. Ceruli pinx.* Gr. in-fol.
4. Louis de Silvestre, premier peintre d'Auguste III. *Ant. Pesne p.* Gr. in-fol.
5. *Fabritius Serbellonus, Patricius Mediolanensis, Archiepiscopus Patracensis, in Regno Poloniae Nuntius Apostolicus.* Stef. Torelli pinx. Gr. in-fol.
6. L'Abbate Pietro Metastasio, Poeta di sua Maesta Ces. e Reale d'Hung. &c. *L. Zucchi.* In-fol.

B. *Sujets divers, la plupart à la Galerie de Dresde.*

1. Les sept Sacremens. 8. pièces inclusivement le titre, d'après Joseph M. Crespi, dit l'Espagnol. Gr. in-fol.
2. Le Martyre de St. Pierre et de St. Paul, d'après Nic. del Abbate. Gr. in-fol.

P. Tanjé a gravé le même sujet, dont l'estampe se trouve dans le Recueil de la Galerie.

3. Le Couronnement de Ste. Cathérine, d'après une copie faite d'après Rubens par Erasme Quellinus. Gr. in-fol.
4. Grand Sacrifice à Vénus, d'après G. Lairesse. Gr. in-fol. en t.
5. Le Supplice de Marsyas, d'après J. B. Langetti, dans le Recueil de la Galerie de Dresde. Gr. in-fol. en t.
6. L'Archange St. Michel, précipitant le Dragon, d'après Etienne Torelli. In-fol.
7. St. Joseph, l'enfant Jésus entre ses bras, d'après Jos. Angelli, de la Galerie du Comte de Bruhl. In-fol.
8. Deux Paysages: 1) *Soggiorno pastorale.* 2) *Campagna aperta*, d'après Jos. Roos. In-fol. en t.

F. FONTEBASSO.

9. Le Denier de César, en deux demi-figures, dont l'une est le portrait du Titien, marqué *Tizianus f. L. Zucchi delin. e sculp.* Pièce gravée dans le goût de Pitteri. In-fol.

10. David avec la tête de Goliath, d'après L. Jordane, de la Gal. de Dresde. In-fol. en t.

Cette planche, une des meilleures de Zucchi, a été détruite, et l'estampe en est devenue rare.

FRANÇOIS FONTEBASSO, peintre et graveur à l'eau-forte, naquit à Venise en 1681. et passa à St. Petersbourg en 1769. Il apprit le dessin dans l'Ecole Romaine, et la peinture dans celle de Seb. Ricci, qu'il imita ensuite dans ses ouvrages. A Venise il peignit quelques appartemens à l'huile et en détrempe dans le Palais Duodo, et un tableau d'autel pour l'Eglise de S. Salvator. Appellé à la Cour de Petersbourg, il y finit sa carrière. Fontebasso à gravé à l'eau-forte divers sujets tant de sa composition que d'après le Ricci.

1. Une Suite de sept sujets de Caprices de sa composition. In-fol. en t.

2. La Vierge apparoissant au Pape St. Grégoire qui adresse au ciel ses prieres pour la délivrance des ames du purgatoire; d'après Seb. Ricci. Gr. in-fol.

CARLO CARLONI, ou CARLONE, peintre et graveur à l'eau-forte, né à Scaria, village des environs de Côme, dans le Duché de Milan, en 1686. et mort dans sa patrie en 1775. La famille des Carloni est féconde en habiles artistes qui se trouvent rangés ordinairement dans l'Ecole Génoise, mais que la Suisse est en droit de revendiquer. Notre Carlo étoit fils d'un sculpteur et avoit un frère aîné qui exerçoit le même art. Son père le destinoit également à la sculpture; mais comme le jeune homme montroit plus de penchant pour la peinture, il ne voulut pas gêner son inclination. A l'âge de 12. ans il fut mis sous la conduite de Julio Qualio, peintre qui avoit de la réputation. Les progrès du jeune Carloni furent si rapides, qu'au bout de très-peu de tems il fut en état d'étudier le nud à l'Académie de Venise. De-là il passa à Rome, où il continua d'étudier les grands maîtres de l'art, de sorte qu'à l'âge de 23. ans il se vit en état de manier le pinceau sans guide. Il quitta l'Italie pour se rendre en Allemagne, où cet artiste laborieux fit des travaux immenses.

Caspar Fuesslin, dans ses *Vies des meilleurs*

artistes de la Suisse, nous a tracé le caractère pittoresque de Carloni, qui, cherchant à saisir les qualités des écoles de Rome et de Venise, s'étoit fait une manière savante et agréable. Riche en conceptions, et surtout très-expéditif, il a laissé des monumens de son pinceau, tant à l'huile qu'à fresque, dans les principales villes d'Allemagne et d'Italie.

Carloni, à l'exemple de tant de peintres, a gravé à l'eau-forte les sujets suivans:

1. La Conception de la Vierge. Pièce in-4.
2. La Sainte Famille, où St. Jean baise le pied de l'enfant Jésus. De même.
3. St. Charles Borromée administrant la communion aux pestiférés durant la peste de Milan. In-fol.
4. La Mort d'un Saint inconnu. De même.
5. Sujet de Plafond, où se voit l'Opulence. In-4. en t.
6. Autre sujet de Plafond, où se voit une Figure qui tient une couronne. De même.
7. Autre sujet de plafond, avec un Grouppe d'enfans, dont l'un porte une Corbeille. *C. Carlone inv. & fecit.* In-4. en t.

JERÔME FERRONI, peintre et graveur à l'eau-forte né à Milan vers 1687. Il peignit dans sa ville natale pour l'église de St. Eustorgio la Mort de St. Joseph. Il vint à Rome pour se perfectionner dans son art,

J. A. FALDONI.

et fréquenta pendant quelque tems l'ecole de Carle Maratte, d'après lequel il a gravé plusieurs sujets, comme:

1. Josué arrêtant le soleil. *C. Maratti pinx. Hieron. Ferroni sc.* Gr. in-fol.
2. Débora, après la Victoire sur Sissara, chante le célèbre Cantique; d'après le même. Gr. in-fol.
3. Jaël tuant Sissara, d'après le même. Gr. in-fol.
4. Judith tuant Holoferne, d'après le même, gravé en 1705. In-fol.
5. La Chasteté de Joseph, d'après le même. *Hieron. Ferroni.* In-4.

JEAN-ANTOINE FALDONI, peintre et graveur au burin, né à Ascolo dans la Marche Trévisane vers 1690. Il apprit d'abord à peindre le paysage sous Antoine Luciani; ensuite il s'appliqua à la gravure au burin, et se mit à copier les estampes de Gilles Sadeler. Faldoni adopta enfin la manière de Mellan, et cela avec assez de succès. Il a publié un grand nombre d'estampes, dont plusieurs sont très-estimées. Ses meilleures pièces sont les Portraits des Doges de Venise et des Procurateurs de St. Marc. Il a gravé en outre:

1. Plusieurs Statues antiques qui font partie des deux Vol. in-fol. des Statues de Venise.

A. BALDI.

2. Une partie des dessins du Parmesan, dont Zanetti a donné un Recueil.
3. Antoine-Marie Zanetti, d'après la Rosalba. In-fol.
4. Lucas Carlevariis, Peintre et Graveur Vénitien. In-fol.
5. Marco Ricci, Peintre et Graveur Vénitien. Rosalba p. 1724. In-fol.
6. *Sebastianus Ricci Bellunensis Pictor, suæ ætatis facile primus, annum agens LX.* In-fol.
7. Sainte Famille dans un paysage, où la Vierge est servie par les Anges, d'après S. Ricci. Gr. in-fol. en t.
8. La Conception de la Vierge, d'après le même. In fol.
9. La Nativité de Notre-Seigneur, d'après P. de Cortone. In-fol.
10. David jouant de la harpe devant Saül, d'après Jos. Camerata le vieux. p. In-fol.
11. David fuyant la colere de Saül, d'après le même; de même.
12. Une Compagnie à la Campagne prenant le Café, et à côté un Paysan; d'après Pietro Longhi. Gr. in-fol.

Antoine Baldi, peintre et graveur à la pointe et au burin, natif de la Cava, dans le Royaume de Naples, vers 1692. Il fut éleve de Solimene pour la peinture, et de Magliar pour la gravure. Etabli à Naples il a gravé d'après Solimene, mais surtout d'après ses propres compositions.

J. B. PITTONI.

1. L'Empereur Charles VI. en ovale. In-fol.
2. Dom Carlos, Roi des Deux-Siciles, ovale. In-fol.
3. Nicolas Cyrillus, Médecin. *S. Cyrillus p.* In-fol.
4. Marie-Aurelie Carraccioli, Religieuse, ovale. In-fol.
5. St. Ignace de Loyola, ovale, avec des accessoires. *Ant. Baldi ex Prototypo.* In-fol.
6. Le P. Raphael Manca, accompagné d'un Ange, ovale. In-fol.
7. Communion de Ste Marie l'Egyptienne: *Divae Mariae. A. Baldi del. et sc.* In-fol.
8. St. Philippe de Neri dans le ciel devant la Ste. Trinité. *Cui nomen dedit alma Trias.* In-fol.
9. S. Emigde, intercédant pour les Napolitains. *Divo Emigdo in terrae motum, et Neapolis Patrono.* In-fol.
10. St. Grégoire, Martyr, avec les sujets de ses miracles. A. D. 1738. *Ant. Baldi fec.* Gr. in-fol.

JEAN-BAPTISTE PITTONI, peintre et graveur à l'eau-forte, naquit à Vicence en 1690. et mourut à Venise en 1767. Neveu et disciple de François Pittoni, Peintre Vénitien, il quitta de bonne heure la manière de son maître et s'en fit une à lui, en étudiant les meilleurs peintres de Venise. C'est par là qu'il acquit la réputation d'un habile peintre d'histoire. Dès l'âge de 26. ans il peignit des ouvrages publics, et se servit dans la décoration de ses tableaux, et dans la draperie de ses figures, d'une manière qui eut une approbation générale, Son tableau du Miracle des cinq pains, conservé à l'Eglise de St. Cosmo della Guidecca, est regardé comme son meilleur travail, et lui fit tant d'honneur, que plusieurs Cours, surtout celle d'Espagne, lui demanderent de ses ouvrages. Cochin, en parlant du Martyre de St. Thomas, tableau qui est à St. Eustache de Venise, s'exprime ainsi: „ Ce tableau est d'une manière „ ferme, bien dessiné, d'un goût large; les „ ombres sont un peu tranchées et sans reflets; „ la couleur est trop rouge. „ — — Pittoni aimoit la solitude et fut très-assidu au travail.

On a de ce peintre quelques jolies eaux fortes très-recherchées des connoisseurs. Elles sont marquées des lettres initiales: *B. F.* ou *Batista P. V. F.* et quelquefois avec son nom tout du long: *Johannes Baptista Pitonus Vicentinum fecit.*

ANDRE MAGLIAR, Graveur, né à Naples vers 1692. Il est assez peu connu; on sait seulement qu'il a gravé plusieurs sujets d'après Solimene, qui ne sont pas fort répandus.

J. D. CAMPIGLIA.

André eut un fils, Joseph Magliar, Disciple de Solimene, qui donnoit les plus belles espérances, et comme peintre, et comme graveur, lorsque la mort l'enleva à la fleur de son âge. Joseph avoit gravé d'après son maître la pièce suivante:

Saint Guillaume, à qui Jésus-Christ apparoît. *F. Solimene pinx.* In-fol.

JEAN-DOMINIQUE CAMPIGLIA, peintre, dessinateur et graveur à l'eau-forte, né à Luques en 1692. Il apprit les principes du dessin et de la peinture à Florence, de Thomas Redi et de Laurent del Moro. A Bologne il fréquenta l'école de Joseph dal Sole. Il a beaucoup peint dans cette dernière ville et à Rome. Cependant il s'est acquis plus de réputation par ses dessins que par ses peintures. Cet artiste dessina la plupart des statues, des bustes et des portraits de la Galerie de Florence; il composa pour cet ouvrage les ornemens typographiques, et y grava d'un très-bon goût à l'eau-forte un bon nombre de planches. Campiglia fut appellé à Rome, où il fit les dessins des ouvrages de sculpture du Capitole. Le premier Volume parut en 1741.

J. B. TIEPOLO.

1. Jean-Dominique Campiglia, gravé par P. A. Pazzi. In fol.
2. Jean-Laurent Bernini. *J. D. Campiglia del. & sc.* In-fol.
3. Julius Romanus. *Campiglia del. & sc.* In-fol.
4. Salvator Rosa, peintre et Poëte. *Id. del. & sc.* In-fol.
5. Léonard de Vinci. *Id. del. & sc.* In-fol.
6. Jean-Antoine Razzi, dit il Soddoma. *Id. del. & sc.* In-fol.

I. JEAN-BAPTISTE TIEPOLO, peintre et graveur à l'eau-forte, naquit à Venise en 1697. et mourut à Madrid en 1770. Né d'une bonne famille, il fréquenta l'école de Grégoire Lazarini. Dès sa seizième année il montra des talens peu communs dans le dessin et dans l'invention historique, quoiqu'avec de la manière et de l'incorrection. On trouve dans ses ouvrages, dont la plupart sont des plafonds, un pinceau facile, une aimable négligence dans l'exécution, un coloris lumineux qui n'est repréhensible que parce qu'il a trop d'éclat. Ses têtes de femmes sont très-agréables. A mesure qu'il s'écartoit de la manière de son maître, il s'approchoit du goût de Paul Véronese. Après avoir beaucoup travaillé à Milan et en d'autre villes en Italie, il passa en Alle-

J. D. TIEPOLO.

magne et peignit dans le Palais épiscopal de Würzbourg la salle, l'escalier et deux tableaux d'autel. Tiepolo fut appellé en Espagne, où il peignit en concurrence avec Mengs, qui a eu la foiblesse d'en être jaloux, et termina sa carrière à Madrid. Il avoit peint en Espagne les tableaux d'autel d'Aranjuez, et les plafonds du nouveau Château royal de Madrid, et la Salle des gardes.

Tiepolo a gravé 56. sujets divers avec beaucoup d'esprit, de finesse et de légéreté.

1. L'Adoration des Rois, pièce qu'on regarde comme son chef-d'œuvre. In fol.
2. Une suite de Caprices, en 24. feuilles de forme. In-4.
3. Une autre Suite de mêmes sujets, en 10. feuilles. P. in-4.

Plusieurs graveurs ont travaillé d'après ce maître, tels que L. Zucchi, F. Berardi, Léonardis, J. Giambiccoli, P. Monaco, A. Cardon, etc.

II. JEAN-DOMINIQUE TIEPOLO, peintre et graveur à l'eau-forte, né à Venise vers 1726. Jean-Baptiste avoit eu deux fils, qu'il forma tous deux dans les arts de dessin. Jean-Dominique, l'aîné, peignit en 1745. les figures à la

Coupole de l'Eglise de St. Faustin et de St. Jovita à Bresse, Coupole à laquelle Mengozzi Colonna peignit l'architecture et les décorations. Dominique accompagna son père en Espagne et l'aida dans ses travaux. Son goût de peinture et de gravure a beaucoup de rapport avec celui de son père, d'après lequel il a gravé plusieurs sujets.

1. Une Suite de vingt-sept sujets de la Fuite et du Repos de la Ste. Famille en Egypte. In-4. en t.
2. La Voie de la Croix, ou les différens instans de l'histoire du Crucifiement du Sauveur, en 14. feuilles. In-4.
3. Une Suite de 26. Têtes de caractère, gravée dans le goût de Castiglione. In-4.
4. Le Miracle de St. François de Paule. *D. Tiepolo inv. & fecit.* In-4.
5. Le Miracle de St. Jérôme Emilien. *Id. fec.* In-4.
6. La République de Venise recevant ses richesses de Neptune; pièce allégorique. *J. B. Tiepolo inv. D. Tiepolo filius incid.* In-fol. en t.
7. La Vierge dans les nues apparoît à Ste. Thérese et à deux autres Religieuses. *Id. inv. Id. incid.* Gr. in-fol.
8. St. Ambroise prêchant le peuple. *Id. inv. Id. incid.* Gr. in-fol.

III. LAURENT TIEPOLO, second fils de Jean-Baptiste, a aussi peint et gravé à la pointe; mais il n'est pas dit, avec quel succès. Les estampes de lui sont d'après les dessins de son père.

J. Giampiccoli. F. Polansani.

Julien Giampiccoli, ou Jampiccoli, graveur à l'eau-forte et au burin, né à Venise vers 1700. Nous ignorons de quel maître il a appris la gravure, mais sa manière d'opérer décèle l'école de Wagner. Il a gravé avec succès le paysage et l'histoire.

1. Une suite de 13. feuilles de Paysages, inclusivement le frontispice, d'après Marco-Ricci, portant pour titre: *Raccolti di 12. paesi inventati et dipinti dal celebre Marco Ricci*. Gr. in-fol. en t.
2. Suite de jolies Pastorales, en 4. feuilles, chacune avec six vers italiens. Gr. in-fol. en t.
3—6. Quatre Paysages d'après Marco Ricci et François Zuccarelli. Gr. in-fol. en t.

François Polanzani, ou Polansani, dessinateur et graveur à l'eau-forte, né à Andale aux environs de Venise vers 1700. et travaillant à Rome vers 1750. Ce qu'il a gravé de plus considérable, c'est la Vie de la Vierge en 22. pièces d'après le Poussin, ou plus vraisemblablement d'après Jacques Stella.

1. Buste d'une Femme, d'après C. Cignani. In-4.
2. Buste d'un Musicien aveugle, d'après Marco Benefiali. In-4.
3. *Mater amabilis*, d'après Jos. Nogari. In-4.
4—5. Deux pièces, d'après le même: 1) Un vieux homme avec un sac d'argent 2) Une vieille Femme avec un pot-à-feu. In-4.

6. Vieille qui se chauffe à un réchaut, d'après le même. In-fol.

Antoine Luciani, peintre et graveur à la pointe et au burin, né à Venise vers 1700. Il est plus connu comme graveur que comme peintre. Disciple de Jacques Piccini dans la peinture du paysage, il a été ensuite le maître dans le même genre d'Antoine Faldoni. Luciani a gravé d'après Tiepolo, Cassana, Bombelli et autres. Je ne connois de lui que les deux morceaux suivans:

1. Le Portrait du Cardinal Sforza Pallavicini, d'après Pietro Avogrado.
2. Le Portrait du Jésuite Tambarini, d'après le même. In-fol.

Dominique Rosetti, peintre, graveur à l'eau-forte et au burin, né à Venise vers 1700. Le Prélat Jean-François Barbarigo prit l'artiste en affection et l'emmena avec lui à Véronne, où il fit un long séjour. Il étoit experimenté dans plusieurs branches de l'art: l'architecture, la perspective, la gravure en cuivre et en bas-relief, étoient également de son ressort. L'Electeur Palatin, ayant appellé Rosetti à Dusseldorf, lui fit graver le
Triomphe

Triomphe d'Aléxandre de G. Lairesse, en douze grandes pièces, aujourd'hui de la plus grande rareté, attendu que l'Electeur a fait dorer les planches. On trouve aussi de lui plusieurs estampes dans le Recueil publié par Louisa d'après les meilleurs tableaux de Venise.

1. Tomaso Senacchio, Médecin; d'après S. Bombelli. In-fol.

2. Le Pape Aléxandre III. reconnu par le Doge de Venise; d'après le tableau de P. Véronese du Couvent de la Charité. Gr. in-fol. en t.

3. Ambassadeurs envoyés par le Sénat de Vénise à l'Empereur Fréderic Barberousse, d'après les peintures de Carlo et de Gabriel Caliari, dans la salle du Grand Conseil. Gr. in-fol. en carré.

4. Ambassadeurs Vénitiens, députés à l'Empereur Fréderic Barberousse, d'après le tableau du Tintoret, de la Salle du Grand Conseil à Venise. Gr. in-fol. en t.

5. Grande Victoire des Vénitiens remportée sur les Impériaux, d'après le même. Gr. in-fol. en t.

6. Le Pape donnant la bénédiction au Doge Zani prêt à monter dans sa galere pour aller combattre l'Empereur Fréderic Barberousse. *Francesco Ponte du Bassano pinx.* Gr. in-fol en t.

7. L'Empereur Fréderic Barberousse prosterné aux pieds du Pape Grégoire VII. d'après le tableau de Fréderic Zuccaro dans la Salle du Grand Conseil à Venise. Gr. in-fol. en t.

8. *Othone vien licenziato dal Pontéfice e dal Doge, perche vada al trattar la pace con l'Imperadore suo Padre. Ibid.* Gr. in-fol. en t.

Jean-Marc Pitteri, graveur à l'eau-forte et au burin, naquit à Venise en 1703. et mourut dans la même ville en 1767. Il apprit la gravure de Joseph Baroni, graveur médiocre ; mais il quitta bientôt la manière de ce maître pour suivre celle de J. A. Faldoni. Le goût de gravure de Pittéri lui est absolument particulier; il n'établit pas, suivant l'usage ordinaire des graveurs, des tailles croisées en différens sens ; il ne grava pas non plus, comme Mellan, d'un seul rang de tailles qui suive le sens des objets qu'elles doivent représenter: mais, selon Watelet, couvrant perpendiculairement ou diagonalement sa planche de tailles légères, il rentre ces tailles à petits coups de burin et en manière de points allongés, suivant qu'elles doivent être plus foibles ou plus ressenties pour décider le contour et le clair-obscur des objets qu'il veut représenter. Ses estampes sont estimées, et il a fait dans cette manière singulière, discréditée par ses imitateurs, des morceaux qui ne manquent pas ni de vérité ni de couleur. Ce graveur, toujours occupé de son art, n'a jamais quitté Venise.

A. Portraits et Têtes.

1. Buste de Jean-Marc Pitteri, graveur Vénitien; d'après J. B. Piazzetta. Gr. in-fol.
2. Jean-Baptiste Piazzetta, Peintre Vénitien. Gr. in-fol.
3. Charles Goldoni, Poëte comique Vénitien; d'après le même. Gr. in-fol.
4. Jean Mocenigo, Noble Vénitien, d'après le même. Gr. in-fol.
5. Joseph Nogari, la main sur la garde de son épée, Peintre Vénitien; d'après le même. Gr. in-fol.
6. Buste d'une jeune femme, la tête appuyée sur sa main fermée, d'après le même. Gr. in-fol.
7. Portrait du Comte de Schulenbourg, Feldmarechal de la République de Venise, d'après C. F. Rusca; figure jusqu'aux genoux. Gr. in-fol.
8. Portrait d'un Procurateur de St. Marc. Gr. in-fol.
9. Portrait du Cardinal Quirini. Gr. in-fol.
10. Portrait du Marquis Scipion Maffei. Gr. in-fol.
11. Portrait de Clara Isabella Fornari. Gr. in-fol.
12. Suite de Têtes en 16. feuilles, savoir: Dieu le Pere, le Sauveur, la Vierge Marie; les douze Apôtres et St. Paul. Gr. in-fol. Toutes d'après Piazzetta.

B. Pièces historiques.

1. Un Christ exspire sur la croix, effet de nuit, d'après le même. Gr. in-fol.

F. ZUCCARELLI.

2. La Religion, qui terrasse l'Hérésie ; Allégorie, d'après le même. Gr. in-fol.
3. Une Sainte Famille d'après Pietro Longhi; tr. gr. in fol.
4—10. Les sept Sacremens, d'après le même, 7. grandes feuilles. In-fol.
11—16. Six pièces, représentant diverses Chasses qu'on fait en terre ferme aux environs de Venise; d'après le même. Gr. in-fol.
17. St. Pierre délivré de prison par le ministere d'un Ange, d'après l'Espagnolet; in-fol. de la Gal. de Dresde.
18. Le Martyre de St. Barthelemi, d'après le même; in-fol. de la Gal. de Dresde.
19. Ste. Catherine de Sienne, d'après J. B. Tiepolo. Gr. in-fol.
20. La Madeleine penitente, d'après le même. Gr. in-fol. De la Gal. de Dresde.
21. Le Roi boit, d'après D. Teniers. Gr. in-fol.
22. Deux sujets rustiques d'après le même : 1) Le Cordonnier: *Ne sutor ultra crepidam.* 2) Le Remouleur: *sudat Rotator sua sorte contentus.* Gr. in-fol.

FRANÇOIS ZUCCARELLI, peintre et graveur à l'eau-forte, né à Pitigliano en Toscane en 1704. Après avoir appris les principes de son art de Jean-Marie Morandi, dont il fut le dernier disciple, il alla s'établir à Venise et peignit des paysages avec de jolies figures, morceaux qui lui acquirent de la réputation. Le Consul Anglois, Joseph Smith, le prit en affection et lui procura l'occasion de bien vendre ses tableaux. Un grand nombre de ses grands et petits paysages ornoient les maisons de la ville et de la campagne de son patron et de son ami. De Venise Zuccarelli passa à Londres, où dans l'espace de 5. ans il s'enrichit considérablement par ses excellens ouvrages. Au bout de ce tems, il retourna à Venise. Sa modestie fut telle, que bien qu'il passât pour un très-grand dessinateur, il ne rougit pas d'aller dessiner, à l'âge de 60. ans, d'après le vif à l'Académie. Zuccarelli est un de ces paysagistes rares, pour qui les figures et les autres accessoires étoient de la plus grande conséquence : tout chez lui est peint avec une grande finesse de dessin et une exécution soignée ; toutes ses têtes ont un caractere de noblesse, jusqu'a celles de ses paysans. Zuccarelli retourna une seconde fois à Londres.

Ce maître, dans sa jeunesse, s'est amusé à graver différens sujets d'une pointe très-spirituelle, entre autres :

1. Une suite de diverses Etudes, d'après André del Sarto. In-4.

2. La Vierge avec l'enfant Jésus, Ste Anne et le petit St. Jean, d'après le même. In-4.
3. Les Vierges sages et les Vierges folles, d'après Jean Menozzi. In-4. en t.
4. La Statue de la Victoire, d'après le marbre de Michel-Ange. *F. Zuccarelli fec.* 1728. Gr. in-4.
5. Le même sujet, copié dans le sens contraire par Zuccarelli, 1747.

En France, et sur tout en Angleterre, on a gravé plusieurs de ses paysages.

I. JEAN-BAPTISTE PIRANESI, ou PIRANESE, dessinateur et graveur à l'eau-forte, naquit à Rome en 1707. et mourut dans la même ville en 1778. C'étoit un des artistes le plus laborieux. Son œuvre consiste en seize volumes, grand in-fol. qui ont pour objet principal de nous représenter tout ce que Rome ancienne et moderne offre d'édifices remarquables. „C'étoit", disent les Auteurs du Dictionnaire des Arts, à l'article Gravure, „l'un des meilleurs des-
„ sinateurs d'architecture et de ruines, et l'un
„ des graveurs le plus pittoresques qu'ait produit
„ le dix-huitième siècle. Jamais on n'avoit
„ gravé avec tant de goût l'architecture ruinée
„ ou bien conservée: il a eu des imitateurs, et
„ n'a pas encore de rivaux. Il a fait des ou-

» vrages de caprices dans lesquels on ne sait ce
» qu'on doit le plus louer, de l'esprit qui règne
» dans la composition, ou de celui qui pétille
» dans la manœuvre. « La collection complette du Piranese, a été vendue 851. livres à l'adjudication de Mariette. Nous ne spécifierons ici qu'un petit nombre de morceaux remarquables.

1. Fragmens d'Antiques de toutes les espèces; la plus riche composition du Piranese. Gr. p. en t.
2. Vue de la Pyramide de Cestius, et d'autres Ruines romaines. De même.
3. Vue de l'Arc de Constantin et du Colisée. De même.
4. Vue du Tombeau de Cécilia Metella sur la voie Appienne. De même.
5. Vue de la Place d'Espagne, avec la Fontaine du Bernin et les édifices d'alentour. De même.
6. Vue de la Façade de la Basilique de Ste. Marie majeure, et d'autres édifices. De même.
7. Vue intérieure du Panthéon. De même.
8. Vue du Temple de la Sibylle de Tivoli. De même.
9. Autre Vue en hauteur du Temple de la Sibylle à Tivoli. Gr. pièce.
10. Vue de la Cascade et des Cascatelles de Tivoli. De même.
11. Vue de la Place du Peuple et des rues qui l'avoisinent. Gr. p. en t.
12. Vue du Pont et du Château de St. Ange. De même.
13. Vue de Ponte-Molle. De même.

14. Vue de la Place du Capitole. De même.
15. Vue de la Place de Monte Cavallo. De même.
16. Vue du Panthéon d'Agrippa. De même.
17. Vue perspective de la grande Fontaine de Trevi. De même.
18. Vue du Temple de Jupiter Tonnant. De même.

II. FRANÇOIS PIRANESE, dessinateur, graveur à l'eau-forte et au burin, né à Rome vers 1748. Il est fils de Jean-Bâtiste et marche sur les traces de son père, qu'il imite dans ses morceaux d'architecture ; mais dans la gravure de ses statues d'après l'antique, il cherche la manière de Pittéri.

1. Vue du Panthéon. P. in-fol. en t.
2. Vue du Colisée. De même.
3. Vue des Bains de Saluste. De même.
4. Vue des Bains de Dioclétien. De même.
5. Vue de l'Illumination de la Chapelle Pauline, à l'Eglise de St. Pierre. Tr. gr. in-fol.
6. Vue des Ruines du Temple d'Isis de Pompeïa. Tr. gr. in-fol. en t.
7. Jupiter assis, Statue de la Gal. Clémentine, d'après le dessin de Piroli. Gr. in fol.
8. La Vénus de Médicis, de la Gal. de Florence, Id. del. Gr. in-fol.
9. Grouppe de l'Amour et de Psyché. De la Galerie du Capitole. Gr. in-fol.
10. Oreste reconnu par Electre, grouppe faussement nommé le jeune Papirius et sa mère. De la Villa Ludovisi. Gr. in-fol.

III. Laura Piranesi, fille de Jean-Baptiste, graveuse à l'eau-forte et au burin, née à Rome vers 1750. Laure ne se distingue pas moins dans la gravure que son frère François. Les pièces suivantes sont d'une jolie exécution.

1. Vue du Capitole de Rome. In-4. en t.
2. Vue du Pont Salario. In-4. en t.
3. Vue du Temple de la Paix. In-4.
4. Vue de l'Arc de Septime-Sévere. In-4.

Pierre Comte de Rotari, peintre et graveur à l'eau-forte, naquit à Véronne en 1707. et mourut à Pétersbourg en 1764. Il apprit les élémens du dessin de Robert van Audenaert, puis il se mit sous la conduite d'Antoine Balestra. A Rome il fréquenta l'école du Trévisan et à Naples celle de Solimene. Il fit plusieurs tableaux pour les églises et les palais de différentes villes d'Italie, qui établirent sa réputation. Indépendamment de l'expression judicieuse des passions qui règne dans ses ouvrages, on y trouve une savante exécution et une grande intelligence dans la distribution de la lumière et des ombres. Dans la Chapelle du College de la Miséricorde à Bergame, on voit de lui une Nativité dont le clair-obscur est digne du Corrège. Rotari a travaillé successivement à Vienne et à Dresde, où il a peint nombre de grands tableaux, de demi-figures et de portraits. En 1756. il se rendit à la Cour de Petersbourg où il finit sa carriere.

Nous avons de sa main plusieurs pièces gravées d'une pointe légére et spirituelle, tant de sa composition, que de celle de Balestra, son maître.

1. Filippo Baldinucci, écrivant dans un livre. *P. Rotari Veronenfis incidit 1726.* In-4.
2. St. François adorant un Crucifix; de sa composition. In-4.
3. L'Education de la Vierge Marie; de même. In-4.
4. Téte de vieillard portant grande barbe; d'après Balestra, avec son chiffre. In-8.
5. Autre Téte de Vieillard, le regard levé vers le ciel; d'après le même. In-8.
6. Les trois Anges traités par Abraham; d'après le même. In-4. en t.
7. David assis à terre, la tête de Goliath à ses pieds; d'après le même. P. in-4. en t.
8. St. Jérôme, demi-figures; d'après le même. P. in-4. en t.
9. Vénus à la rencontre d'Enée et d'Achate; d'après le même. Petit ovale.
10. Tableau d'autel, où sont représentés trois Saints de l'Ordre de St. François; d'après le même, 1725. In fol.

D. A. FOSSATI.

L. Zucchi, Canale, Camerata etc. ont gravé d'après lui.

I. DAVID-ANTOINE FOSSATI, ou FOSSATO, peintre et graveur à l'eau-forte, né à Morco, bailliage de Luggaris dans la Suisse italienne, en 1708. et vivant encore en 1779. En 1720. Fossati se rendit à Venise auprès d'un Oncle, riche marchand qui vouloit lui faire apprendre le commerce. Le jeune homme ne se sentant point de goût pour cet état, désiroit de se vouer aux arts et aux lettres; et son oncle ne voulant pas forcer son inclination, le confia aux soins d'un moine des écoles pieuses, nommé Vincent Mariotti, bon dessinateur d'architecture et de perspective, chez lequel il fit de grands progrès. Daniel Gran, habile peintre allemand, et un des meilleurs disciples de Solimene, passant par Venise pour se rendre a Vienne, voulut laisser en cette ville un monument de son art, peignit á fresque un salon dans une maison de campagne de la famille de Cornaro. Fossati ayant fait sa connoissance, peignit sous sa conduite l'architecture et les ornemens. Ce travail achevé, Gran partit pour Vienne et emmena avec lui le jeune Fossati du consentement de son oncle. Sous ce grand maître, qui exécuta tant de belles choses à Vienne, et surtout ce superbe plafond de la Bibliothéque Impériale, il eut toute l'occasion de se former. Non content de travailler à fresque, il s'exerça également dans la peinture à l'huile. Il quitta Gran, et résolut de travailler pour son compte. Après avoir peint avec succès quelques ouvrages à Presbourg et en Allemagne, il retourna en Italie à la sollicitation de son bon oncle. De retour à Venise il entreprit et exécuta plusieurs grands ouvrages qui eurent du succès. Il voulut voir le reste de l'Italie, surtout Bologne et Rome. A peine arrivé dans cette premiere ville qu'il reçut la nouvelle de la mort de son oncle chéri. Une longue série de tracasseries et de procédures pour la succession de son parent, lui prit une partie de son tems et le détourna de ses travaux pittoresques. Pour se distraire il fit quelques heureux essais dans la gravure à l'eau-forte. Les pièces suivantes sont ce qu'il a fait de plus considérable dans ce genre.

G. FOSSATI. 141

1—24. Vingt-quatre Paysages représentant des sites de Venise et de ses environs, d'après M. Ricci, avec une dédicace au Comte Algarotti. In-fol. en t.

25. Diane et Calisto, d'après Solimene. In-fol.

26. La Famille de Darius devant Aléxandre, d'après P. Véronese. Gr. in-fol. en t.

27. Jupiter foudroyant les Vices, sujet de plafond peint par le même, au Palais du Conseil. Gr. in-fol. en t.

28. Le Serviteur d'Abraham auprès de Rébecca; demi-figures, d'après Ant. Bellucci. Gr. in-fol. en t.

29. Vocation de St. Pierre à l'Apostolat; d'après le même; pièce semblable.

II. GEORGE FOSSATI, ou FOSSATO, architecte et graveur à l'eau-forte, né à Morco dans la Suisse italienne vers 1710. Le nom de famille de George fait présumer qu'il étoit parent de David-Antoine. On ignore les noms de ses maîtres. Il vint à Milan, où il travailla quelque tems; de-là il se rendit à Venise et s'y établit. Alors il conçut le projet de graver à l'eau-forte les édifices du célèbre Palladio qu'on voit à Padoue, à Vicence et en d'autres endroits. Passinelli, libraire de Venise, publia cet ouvrage pendant les années 1740. et 1745. en Italien et en François, grand in-folio. Les gravures sont d'une belle exécution et font honneur au goût et à l'intelligence de notre artiste.

JACQUES LEONARDIS, dessinateur et graveur à l'eau-forte, né à Palma, ville forte de l'état de Venise en 1712. Il apprit les principes de l'art de M. Benville, peintre de portraits, et de J. B. Tiepolo. Il remporta le premier prix à l'Academie de Venise la première fois qu'on en fit la distribution. Il grava d'après les meilleurs tableaux de la ville de Venise, choisissant préférablement les morceaux qu'on n'avoit pas encore publiés en estampes. Ce graveur avoit encore le mérite de savoir donner à sa copie le caracterre de l'original.

1. Des Amours qui jouent et qui folâtrent, d'après Jules Carpioni. Gr. in-fol. en t.
2. Réjouissances de Silene, d'après le même. Gr. in-fol. en t.
3. Neptune et Thétis dans un char, traînés sur les eaux par des Tritons, d'après Seb. Conca. Gr. in-fol. en t. 1765.
4. L'Enlevement d'Europe, d'après le même; de même grandeur.
5. 6. Deux Sujets rustiques, l'un représentant une Foire de village, l'autre une Foule de Gueux aux portes d'une ville, d'après J. M. Crespi. Gr. in fol. en t. 1762.

7-8. Deux morceaux comiques, représentant les Divertissemens du Carneval de Venise, d'après Tiepolo. Gr. in-fol. en t.

9. Le Veau d'or, d'après le Tintoret. Gr. in-fol. en ceintre. 1768.

10. Le Jugement dernier, d'après le même. Gr. in-fol. en ceintre, 1768.

ETIENNE TORELLI, peintre et graveur à l'eau-forte, naquit à Bologne en 1712. et mourut à Pétersbourg 1784. Il apprit les principes de la peinture de Felix Torelli, son pere, bon peintre d'histoire, et de François Solimene. Cependant il peignit plus dans le goût des Carraches que dans celui de son maître. Le Prince Electoral de Saxe, ensuite Auguste III. Roi de Pologne, le connut dans son voyage d'Italie et l'amena avec lui à Dresde en 1740. Ses ouvrages publiés, ses plafonds et ses tableaux d'autel qu'il a peints en Saxe dans une grande manière, attestent sa capacité. Plusieurs de ses ouvrages peints dans les Châteaux du Comte de Bruhl, ont été détruits pendant la guerre de sept ans par ordre du Roi de Prusse. Au château de Pfoerthen, où Torelli avoit exécuté de grands travaux pittoresques, il n'existe plus rien; tout a été brûlé. M. le Comte Marcolini, possesseur actuel du jardin de Bruhl, a fait réparer une partie des ouvrages peints par Torelli sur les murs. A la terre de Nischwitz, appartenant aujourd'hui à M. le Docteur Lastrop, l'ordre avoit été donné de tout détruire; il s'est conservé un beau plafond dans la grande salle du château. L'officier commandé pour opérer cette destruction a fait tirer les soldats sur les bords de la peinture. Tout a été réparé depuis, à l'exception des coups de fusils dont j'ai encore vu les marques en 1784. Dans la Basse-Lusace on voit encore de ce peintre deux plafonds, qui ornent deux Cabinets du Jardin d'Altdoebern, terre appartenant à M. le Baron de Heinecke.

Torelli, à l'éxemple de tant de peintres, s'est amusé à graver à l'eau-forte les sujets suivans:

1. *Sanct Fidelis a Sigmaringa*, d'après Seb. Conca. p. In-fol.
2. Le Sacrément de l'extrême-onction, d'après J. M. Crespi, de la Gal. de Dresde; p. in-fol.
3. Portrait du Capitaine Walter, Caricature, genre dans lequel Torelli reussissoit singulierement. In-4.
4. Vignette

M. SORELLO.

4. Vignette et quatre lettres grises, à la tête du Catologue de la Bibliothéque du Comte de Bruhl.

MICHEL SORELLO, graveur au burin, né en Espagne, vers 1715. et établi à Rome vers 1750. Il apprit les principes de la gravure de Jacques Frey, et il a assez bien saisi la manière de son maître. Sorello a travaillé d'après différens peintres italiens; mais ce que nous avons de plus considérable de lui, ce sont les 8. estampes qu'il a gravées d'après les tapisseries du Vatican de l'invention de Raphael, et de différens formats.

1. La Nativité où se voit un berger accompagné de son chien, d'après un dessin de Coroi. Gr. in-fol. en t.
2. La Purification de la Vierge, où le fond représente un temple avec des Colonnes torses; de même.
3. St. Pierre déclaré chef de l'Eglise, à droite les brebis. Maratte del. Même grandeur.
4. La Descente en enfer où le Christ étend la main droite vers un Vieillard. Petit in-fol.
5. La Résurrection, pièce dédiée à Antoine Colonna, et un peu plus grande que les autres.
6. Les Disciples d'Emaüs; pièce gr. in-fol.
7. Le Christ en Jardinier, ou le *Noli me tangere*. In-fol.
8. La Conversion de St. Paul, où se voit dans les airs le Sauveur porté par des Anges, dessiné par C. Maratte. In-fol. en t.

IV.   K

9. Frontispice d'après Seb. Conca pour le *Monologium Græcorum*, gravé en 1726. Gr. in-fol.

10. Une Annonciation, d'après Felix de Castro, peintre espagnol, gravée en 1744. Gr. in-fol.

JACQUES GUARANA, peintre et graveur à l'eau-forte, né à Venise en 1716. Il apprit les principes de son art d'abord chez Sébastien Ricci, puis chez Jean-Baptiste Tiepolo. Il s'attacha ensuite à imiter le beau coloris de Charles Cignani, et peignit dans ce style le Sacrifice d'Iphigénie pour la Cour de Russie. Dans le Palais de Rezzonico et dans plusieurs Eglises de Venise on voit des plafonds de sa main.

Il a gravé à l'eau-forte, sur ses propres dessins, divers grands sujets tirés de la Fable.

PAUL PILAJA, graveur au burin et artiste italien, qui paroît être né vers 1718. et avoir travaillé à Rome. D'ailleurs les circonstances de sa vie sont ignorées. Il a gravé les estampes d'un livre intitulé: Storia di Volsena, de l'Abbé Adami, avec le Portrait de l'auteur, d'après le Cavalier Odam, et imprimé à Rome en 1737. selon Gandellini. Nous connoissons encore de la main de ce graveur les estampes suivantes:

1. La Statue du Prophete Elie, d'après Aug. Cornachini, érigée à St. Pierre de Rome. In-fol.
2. Le Portrait du Pape Benoît XIII. d'après J. B. Brughi, Peintre Romain. In-fol.
3. Le Martyre du Capucin St. Fédéle da Simaringa; d'après Seb. Conca. In-fol.
4. Miracle opéré par St. Thoribio, Archevêque de Lima, prêchant les Indiens; d'après le même. Gr. in-fol. en t.
5. Sainte Libérale, figure entière, avec deux enfans; d'après le même. In-fol.
6. P. Clodius, déguisé en femme, découvert dans la maison de César à la Fête de la bonne Déesse; d'après le même. Gr. in-fol. en t.

NICOLAS et ANTOINE BILLI, ou BILLY, dessinateurs et graveurs, nés à Rome vers 1719. Il règne beaucoup de confusion dans les noms des Billys, connus à Rome dès le siècle passé comme graveurs et marchands d'estampes. Nous ne ferons mention ici que des deux frères, Nicolas et Antoine, qui ont gravé à Rome beaucoup de portraits et de sujets de dévotion, et à Naples diverses planches pour les Volumes d'Herculanum. Au reste les Billys étoient moins artistes qu'artisans, et leurs productions ne sont gueres recommandables que par les originaux. Nicolas a gravé plusieurs estampes pour le Museum Florentinum.

1. Fredericus Zuccharus, dessiné par Campiglia. In-fol.
2. Jean Holbein. *Se ipse pinx.* In-fol.
3. Pierre Leone Ghezzi. *Id. del.* In-fol.
4. Jean-Marie Morandi. *Id. del.* In-fol.
5. Le Cardinal Pompeo Aldrovandi. *Jos. Berti pinx. N. Billy.* In-fol.
6. Le Cardinal Joseph Spinelli. *Dom. Dupra pinx. N. Billy.* 1734.
7. L'Enfant Jésus couché sur de la paille. *Nic. Billy sc. Romæ.* Ovale in-4. d'après J. Conca, sans son nom.
8. St. Philippe Néri à genoux devant la Ste. Vierge; d'après S. Conca. In-4. en t.
9. Sainte Famille, demi-figures, d'après le Carrache. In-4.
10. La Fuite en Egypte; d'après le Guide. Gr. in-fol.

I. CHARLES, ou CARLO GREGORIO, ou GREGORI, dessinateur et graveur au burin, né à Florence en 1719. et mort dans la même ville en 1759. Charles apprit la gravure à Rome sous la direction de Jac. Frey. Il a travaillé presque toute sa vie à Florence, d'après divers maîtres Florentins. Un des principaux ouvrages de Charles est la Chapelle de St. Philippe Neri à Florence. Il a gravé aussi plusieurs sujets du Cabinet de Tableaux du Marquis Gerini et du Museum Florentinum. Ses estampes sont comptées parmi les meilleures et les plus nombreuses de ces recueils.

Dans les Suites des Statues il y en a plusieurs de Grégori. Il a laissé deux fils, Ferdinand et Antoine. Nous ferons un article du premier.

1. François-Marie, Grand-Duc de Toscane; d'après Campiglia. In-fol.
2. Eléonore-Vencentine de Gonzague, femme de François-Marie; d'après le même. In-fol.
3. Sébastien Bombelli, peint par lui même. In-fol.
4. L'Image de la Vierge, apportée à Bologne par les Anges; d'après le dessin dal Fratta. P. in-fol.
5. Sainte Cathérine Jannen; d'après François Bartolozzi. P. in-fol.
6. L'Istoria di Cesare, a cui nell Egitto molte Nazioni presentarono vari donativi. — — Soldano d'Egitto. D'après Alex. Allori, detto il Cruppino. Tr. gr. p. en t.
7. Opus Bernardini Barbatello, detto Poccetti, quod in sacello S. S. Nerei & Achillei in Atrio Templi S. Magdalenæ de Pazzis Florentiæ adservatur. Quatorze estampes, représentant des sujets de la vie de ces Saints. A l'église de Ste. Madéleine à Florence. Pièces gravées par Carlo et Ferd. Gregori. J. B. Betti, & Carlo Fanni. Gr. in-fol.
8. La Vierge et les autres saintes Femmes au sépulcre, d'après Raphael. Du Cab. de Lord Scaredale. 1759. In-fol.
9. St. Padio, Evêque de Florence, avec ses Chanoines, d'après Sig. Betti. In-4.

10. Ste. Bonizella Cacciaconti, demi-figure, d'après Ant. Bonfigli. In-4.

11. Mausolée de la Princesse Elis. Charlotte de Lorraine, d'après Jos. Chamant. In-fol.

II. Ferdinand Gregorio, dessinateur et graveur au burin, né à Florence vers 1740. Ferdinand avoit appris les principes du dessin et de la gravure dans la maison paternelle. Après la mort de son père il s'étoit rendu à Paris, conjointement avec Vincent Vangelisti, tous deux pensionnaires de l'Empereur, pour se perfectionner, sous la direction de Jean-George Wille, dans ce dernier art. Sous un tel maître Ferdinand a fait de grands progrès. Il est retourné dans sa patrie depuis longtems, et a publié divers bons ouvrages. On connoit de lui une estampe, représentant la Mort de St. Louis Gonzaga, d'après un dessin de J. B. Cipriani. Ferdinand a gravé entre autres :

1. Carle Grégori, dessiné et gravé par Ferdinand Grégori.
2. La Vierge donnant le sein à l'enfant Jésus, d'après C. Maratte. In-fol.
3. Le Sommeil de Vénus; d'après le Guide. Gr. in-fol. en t.

4. St. Sébastien; attaché à un arbre; demi-figure, d'après le même. In-fol.

5. Vénus vue par le dos, découvrant Cupidon monté sur un dauphin; d'après Jean Casanova. In-fol.

6. Deux Grouppes de marbre, de Cellini, sculpteur florentin; d'après le dessin d'Allegranti, gravé par F. Gregori. Gr. in-fol.

7. Ste. Famille, d'après une peinture à fresque d'André del Sarto, estampe gravée en 1760. et dédiée à l'Empereur François I. In-fol en t. Morceau d'un bel effet.

8. Lapidation de St. Etienne; d'après Louis Cardi, dit Civoli, tableau d'un grand caractère, très-bien rendu par le graveur. In-fol.

Antoine-Joseph Barbazza, peintre et graveur à l'eau-forte, né à Rome vers 1720. On a peu de notices sur la vie et les ouvrages de cet artiste; on sait seulement que sur sa réputation l'Académie de Bologne le reçut parmi ses membres, et qu'après avoir voyagé en différens pays, il alla en Espagne en 1771. Les ouvrages peu nombreux qu'on a de son dessin et de sa gravure, sont en haute estime chez les connoisseurs, sur-tout le premier article:

1—4. Quatre grosses Têtes, dessinées d'après nature et gravées dans la manière des dessins à la plume; 4. pièces, tr. gr. in-fol.

5. Troupe de Musiciens, figures de charge. C'est la caricature de M. Perez, Maître de Chapelle. Pièce in-4.

6. Les planches pour le livre du Père Bianchini, intitulé: *Iftoria Ecclefiaftica*. In-4.
7. Quelques planches pour l'ouvrage de Monaldini, qui a publié une nouvelle édition du Virgile antique et de quelques autres antiquités de P. S. Bartoli.

ANDRE' CASALI, peintre et graveur à l'eau-forte, né à Civita-Vechia vers 1720. On le croit disciple du Cavalier Conca. Après avoir peint à Rome pour quelques églises, il vint à Londres, où il fit un assez long séjour. Casali peignit les transparens, qui furent exposés au magnifique feu d'artifice tiré au Gran-Parc en 1749. Il a peint pour la Nobleffe d'Angleterre une grande variété de sujets historiques.

Casali a gravé à l'eau-forte une pièce de Raphael, et quelques autres sujets de sa composition, comme :

1. La Vierge Marie avec l'enfant Jésus sur ses genoux, d'après Raphael. In-4.
2. Eduard le Martyr. In-fol.
3. Lucrece déplorant son sort. In-fol.
4. Gunhilda, Impératrice d'Allemagne. In-fol.

Ces deux derniers sujets ont été aussi gravés au burin par Ravenet, pour le Recueil de Boydell.

I. Jean-Elie Morghen, dessinateur et graveur à l'eau-forte et au burin, originaire d'Allemagne, vers 1721. Il a toujours travaillé en Italie. Ce fut lui qui grava la plupart des planches que le Marquis de Gérini fit exécuter d'après les tableaux de Jean Manozi, dit St. Giovanni, de Balth. Franceschini, dit Volterrano, et d'autres Peintres Florentins, qui décorent le Palais Ducal. Cette suite est très-intéressante. Jean-Elie publia en 1767. en 6. planches les Antiquités de Pestum d'après les dessins d'Antoine Joly.

II. Philippe Morghen, dessinateur, graveur à la pointe et au burin, fils et élève de Jean-Elie, né en Italie vers 1740. Philippe a beaucoup travaillé à Naples, où il a gravé un grand nombre de planches pour le grand ouvrage des Antiquités d'Herculanum, avec le Portrait du Roi des deux Siciles, placé à la tête de chaque volume. Ce que cet artiste a fait de plus considérable en gravure, ce sont les deux suites suivantes:

1. Les Apôtres de B. Bandinelli, Statues de Florence, 12. morceaux, sans le nom du graveur, qui est Ph. Morghen. In-fol.

2—32. Vues des Endroits et des Ruines dans les environs de Naples, 31. pièces. In-fol. en t.

FRANÇOIS LONDONIO, peintre et graveur à l'eau-forte, naquit à Milan en 1723. et mourut d'une attaque d'apoplexie en 1783. Il étudia la peinture de l'histoire; mais sentant la difficulté d'avoir des succès dans ce genre, il prit du goût pour peindre des animaux, et il y réussit parfaitement. En 1769. il fit le voyage de Rome, de Naples, de Gênes et de quelques autres endroits. Ce fut à Naples qu'il s'arrêta le plus longtems. Là il étudia avec beaucoup d'application et employa une grande partie de son tems à graver à l'eau-forte. Il a toujours cherché la nature dans ses scenes les plus basses; on n'a jamais pu l'engager à peindre d'autres chevaux que des rosses. Londonio se faisoit estimer par ses qualités morales: il étoit franc, obligeant, et d'un humeur très-enjoué.

Londonio a gravé avec beaucoup d'intelligence et d'une pointe facile, un assez grand nombre de sujets champêtres. Ses ouvrages forment 72. planches et composent sept suites dont l'une en hauteur est dédiée au Cardinal

Pozzobonelli. Les autres, en largeur, sont dédiées au Lord Exeter, au Comte de Firmian etc. etc. Quelquefois il faisoit imprimer ses estampes sur du papier bleu, et les rehaussoit de blanc, ce qui fait un bon effet.

CHARLES ORSOLINI, graveur à la pointe et au burin, et marchand d'estampes, né à Venise vers 1724. florissant dans la même ville en 1760. Cet artiste a beaucoup travaillé pour les Galeries de Florence, d'après différens maîtres.

1. Saint Jérôme en méditation. *Post multas lacrymas &c.* D'après Ant. Balestra. Pièce estimée. Gr. in-fol.
2. Saint François de Sales, à mi-corps; d'après le même. In-fol.
3. Saint Aloyse et St. Stanislas dans le ciel; d'après le même. In-fol.
4. La Vierge sur un nuage, distillant le lait de son sein sur les lèvres de St. Bernard qui est à genoux à ses pieds, avec St. Philippe Benizi, d'après Pietro Ricchi, autrement dit Pietro Luchesi. Pièce ceintrée in-fol.
5. Grand-Prêtre qui sacrifie. *F. Sontebasso pinx.* In-fol.

BERNARD ou BERNARDIN BELLOTTI, dit CANALETTO, peintre et graveur à l'eau-forte, naquit à Venise vers 1724. et mourut à Varsovie en 1780. Il fut appelé communément

B. BELLOTTI.

Canaletto, du nom d'Antoine Canal son oncle, habile peintre de Vues, qui passa un tems considérable en Angleterre et que les Anglois nommerent Canaletto. Bellotti eut pour maître dans l'art son oncle, dont il saisit parfaitement le genre et la manière. Il peignit à Venise, à Rome et dans d'autres villes d'Italie, les édifices les plus intéressans et les Vues les plus pittoresques. Ses tableaux, d'une exécution facile, quoique soignée, font généralement un grand effet. De-là il passa en Allemagne où il se faisoit appeller le Comte Bellotti. Il fit quelque séjour à Vienne; puis il se rendit à la Cour de Dresde, où il montra également ses talens par la représentation des principaux sites de cette ville.

Canaletto s'est beaucoup exercé à la gravure à l'eau-forte, et cela avec un goût tout-à-fait pittoresque. Voici les pièces les plus considérables de son œuvre.

A. *Pièces gravées à Vienne.*

1. Le Turc généreux, Ballet pantomime, exécuté à Vienne en 1758. T. gr. pièce en t.
2—7. Une Suite de Paysages et de Vues, six pièces. In fol. en t.

B. BELLOTTI.

8—19. Deux autres suites de Ruines d'Architecture, chacune de six pièces. In-4. en t.

B. *Pièces gravées à Dresde, de très-grand format, en travers.*

1. Vue extérieure de la porte d'Italie (Wilsdruffer-Thor) et des remparts, avec les pavillons de la Bibliothéque et du grand Théâtre.
2. Vue latérale de la Galerie du Zwinger, avec le pont qui dégage sur l'allée d'Ostra.
3. Vue intérieure du Zwinger, des pavillons et des galeries.
4. Vue de l'Eglise catholique et d'une partie du Château électoral.
5. Vue du Pont sur l'Elbe, avec la partie latérale de l'Eglise Catholique.
6. Vue de la Galerie et du Jardin du Comte de Bruhl.
7. Vue de la Place dite neuve et de l'Eglise de Notre-Dame, avec la rue nommée Rammische Gasse.
8. Perspective de la Galerie des Tableaux, de l'Eglise de Notre-Dame et de la Rue de Pirna.
9. Perspective de la Place devant la Grand'-Garde.
10. Perspective du vieux Marché du côté de l'Eglise de Ste. Croix.
11. Vue de l'Eglise de Ste. Croix et de la rue qui en prend le nom.
12. Vue des Ruines du Clocher de l'Eglise de Ste. Croix, qui s'écroula le 22. juin 1763. à la suite du bombardement de Dresde.
13. Vue des Ruines d'une partie des Fauxbourgs devant la Porte de Pirna.
14. Vue perspective de la Ville neuve et du Palais de Hollande.

15. Vue de l'Allée et de la Place de la Villeneuve, avec la Statue équestre d'Auguste II.

C. *Vues de quelques endroits des environs de Dresde.*

1. Vue de la Ville de Pirna du côté de la porte appellée Oberthor.
2. Vue des Fauxbourgs de la Ville de Pirna, devant la Porte des bateliers, Fischer-Thor.
3. Vue de Pirna devant la Porte de Dohna.
4. Vue de la façade du Château de Sonnenstein sur l'Elbe, au bas la Ville de Pirna, et en deça de l'eau les côteaux de vignes.
5. Vue des remparts de Sonnenstein et de la Tour des Prisonniers, avec le cabarets y contigus.
6. Vue de la Fortresse de Sonnenstein telle qu'elle se présente sur le Chemin de Koenigstein.
7. Vue du Roc et de la Fortresse de Koenigstein du côté du midi.
8. Vue du Roc et de Fortresee de Koenigstein du côté de l'occident, ayant de l'autre côté le Château de Lilienstein.

D. *Vues de Varsovie.*

1. Vue de la Place des Bernardins, ainsi qu'elle se présente en sortant de la Porte de Cracovie.
2. Vue de Varsovie, prise depuis le Palais de Sapieha jusqu'au bout de Szolée, et de là jusqu'au Château de Villanova, avec une partie de la Ville de Prague.
3. Vue de la Ville de Varsovie, prise depuis le Palais de l'Ordinat, jusqu'au Château royal.

JOSEPH CAMERATA, peintre en miniature, dessinateur et graveur au burin, né a Venise vers 1724. Après avoir appris les principes de la gravure sous la conduite de Jean Cattini, il se rendit à Vienne en 1742. Là il eut occasion d'apprendre la miniature, art qu'il a toujours exercé depuis. En 1751. il fut appellé à Dresde en qualité de premier graveur de la Cour, pour travailler au grand ouvrage de la Galerie. Au commencement de la guerre de sept ans il eut la permission de retourner en Italie. De-là il se rendit à Munich, et à la paix il revint en Saxe avec le Prince Electoral. Depuis ce tems il est Professeur à l'Académie Electorale de Dresde. Cet artiste laborieux a gravé avec succès un grand nombre d'estampes, tant d'après ses dessins que d'après les tableaux de la Galerie. Les Portraits suivans qu'il a gravés à Venise, à Vienne et à Dresde, sont en grande partie d'après ses dessins.

A. *Portraits divers.*

1. Marco Foscarini, Procurateur de St. Marc, Doge de Venise. In-fol.
2. Simon Contarini, Procurateur de St. Marc. In-fol.

3. *Sébastien Bombelli, Utinensis, Cæs. Maj. Leopoldi I. Pictor celeberrimus.* In-4.
4. Thérèse Zamelli, Danseuse, figure entière, habillée en Turque, dans un paysage.
5. Grande Tête de femme, Mademoiselle Albuzzi, Chanteuse à l'Opera. In-fol.

B. *Pieces de la Galerie de Dresde.*

1. La Parabole de la Dragme perdue, d'après le Feti. In-fol.
2. La Parabole du Pere de Famille, qui se fait rendre compte par ses serviteurs. In-fol.
3. David assis, tenant d'une main la tête de Goliath et de l'autre le sabre du Géant. Id. In-fol.
4. Sainte Famille, d'après Jules-Cesar Procaccini. Gr. in-fol.
5. Saint Roch secourant les pestiférés; d'après Camille Procaccini. Gr. in-fol. en t.
6. L'Aumône de St. Roch; d'après le Carrache. Gr. in-fol. en t.
7. L'Assomption de la Vierge; d'après le même. Gr. in-fol.
8. La Femme adultère; d'après B. Biscaïno. In-fol.
9. La Chasteté de Joseph; d'après S. Cantarini. In-fol.
10. L'ancien et le nouveau Testament; d'après And. Vaccari. Gr. in-fol.

C. *Pièces gravées depuis.*

1. Sainte Famille; d'après Procaccini. In-fol.
2. La Madeleine pénitente, couchée à terre; d'après le tableau de la Galerie de Dresde de P. Battoni. Gr. in-fol. en t.

3. La Bergere endormie; d'après Jos. M. Crespi. Ibid. Gr. in-fol.

4. St. George refusant de sacrifier aux Idoles; d'après le Comte Rotari. Gr. in-fol.

5. Figure à grande barbe et à mi-corps; d'après Dietrich de la Gal. de Dresde. In-fol.

6. Figure à moyenne barbe, à mi-corps. Ibid. Pendant.

7. Une Madeleine, en miniature, dessiné d'après van der Werff, de la grandeur de l'original.

C'est le dernier ouvrage de Camerata.

JOSEPH CANALE, dessinateur et graveur au burin, né à Rome en 1728. Professeur à l'Académie des arts de dessin à Dresde et Membre honoraire de celle de Bologne. Il étudia la gravure sous la direction du célèbre Jacob Frey et fréquenta aussi l'Académie du Cavalier Benefiali. En 1751. il fut appellé à Dresde en qualité de Graveur de la Cour, et de maître à dessiner des Princes et des Princesses. Sa principale vocation étoit de dessiner les tableaux de la Galerie qui devoient être gravés, tant par lui que par d'autres artistes. Ce fut à l'époque de l'établissement de l'Académie en 1765. qu'il fut nommé Professeur, et un des premiers maîtres en exercice. Canale a déjà formé et forme encore des éleves qui lui font honneur. Les ouvrages qu'il a gravés, tant en Italie qu'en Allemagne, sont assez nombreux.

A. *Portraits divers.*

1. Le véritable Portrait de Marie-Mattia Perini, en demi figure; d'après Marco Benefiale. In-4.
2. Le Portrait de Marie-Antoine Walburgis, Electrice douaiere de Saxe, peint par elle même en pastel. In-fol.
3. Le Portrait de l'Archevêque Bonaventure Barberini. In-fol.
4. Le Portrait de Marie-Josephine Reine de Pologne, Electrice de Saxe; d'après Rotari. In-fol.
5. Le Prince Xavier, Administrateur de la Saxe, en profil; d'après J. Casanova. P. in-fol.
6. Le Monument sépulcral du Cardinal Spinola, avec son portrait, à Rome 1745. Gr. in-fol.

B. *Sujets divers.*

1. *Imagine miraculosa della S. Vergine Maria transportata nella Basilica Lateranense.* Petit in-fol.
2. Le bel Anglois; d'après la Rosalba, du Cabinet des pastels de Dresde 1767. P. in-fol.
3. Le Philosophe; d'après l'Espagnolet.
4. La Gloire; d'après le Dominiquin.
5. Une Sibylle; d'après Angelique Kaufmann.
6. Pâris et Oenone sur le mont Ida; d'après Vanloo.
7. Adam et Eve chassés du Paradis; d'après l'Albane.
8. Le Christ et St. Jean; d'après van der Werff.
9. Le Christ apparoissant à St. Thomas; d'après Mat. Préti, pièce terminée au burin par Beauvarlet. In-fol. en t. Gal. de Dresde.

20. Une Femme turcque, en demi-figure; d'après Dietrich. In-fol.
21. Le Printems, en demi-figure; d'après le même; gravé en 1770. In-fol.

BARTOLOMEO CRIVELLARI, sculpteur et graveur à la pointe et au burin, né à Venise vers 1725. et florissant dans la même ville en 1755. Ses ouvrages de sculpture sont assez ignorés; on connoît davantage ses productions de gravure. A Venise il a travaillé pour Wagner d'après Gherardini, Tiarini, Tiepolo et d'autres. Il a aussi gravé quelques planches du Palais de Bologne, connu sous le nom d'Institut.

1. Christian, Prince Royal et Electoral de Saxe, puis Electeur. In-fol.
2. Marie-Anne, Archiduchesse d'Autriche, gravé en 1755. In-fol.
3—5. Trois pièces gravées pour la Vie de St. Pierre Petrone; savoir: 1) St. Pierre Petrone en prière, pendant que le Diable casse le verre de sa lampe pour le distraire. 2) Le Saint se coupant le doigt pour n'être pas Prêtre. 3) Le Saint exhortant Jean Colombini de continuer son chemin.
6—9. Quatre pièces d'après Nicolo dell Abbate. In-fol. Savoir: 1) Compagnie de joueurs aux cartes, en demi-figures. 2) Compagnie de buveurs qui se divertissent; en demi-figures. 3) Compagnie de gens qui font de la musique. 4) Autre Compagnie

de Musiciens, où se voit une jeune fille qui touche le clavecin.

10. La Canonisàtion de St. Aléxandre Saül; d'après Matteo Bartoloni, gravé à Venise.
11. Jeune homme nud couché sur un lit avec une Femme nue, pendant qu'une Vieille les regarde par une porte entr'ouverte. *Jul. Romano pinx.* Petit in-fol. en t. De la Galerie du Roi de Prusse.

Bartolozzi a gravé d'après Crivellari:
Un Saint transporté au Ciel.

GAËTANO GANDOLFI, peintre et graveur à l'eau-forte, né à Bologne vers 1725. et florissant dans la même ville en 1755. On ignore d'ailleurs les circonstances de sa vie. Tout ce qu'on en sait, est, qu'il étoit contemporain de Crivellari, et qu'il a gravé d'après Nicolo dell' Abbate une pièce qui fait regretter qu'il ne se soit pas occupé davantage de la gravure:

La Nativité, avec l'Adoration des Bergers. *Opus hoc incifumque expofuit &c.* D'après le tableau peint à fresque au Palais Léoni à Bologne. *Nicol. dell' Abbate pinx. Gajet. Gandolfi fc.* Gr. in-fol.

JEAN-BAPTISTE BROSTOLONI, ou BRUSTOLONI, dessinateur et graveur à l'eau-forte, né a Venise vers 1726. Cet artiste, qu'on croit un des éleves de Joseph Wagner, a toujours travaillé dans sa ville natale. On ignore d'ailleurs les circonstances de sa vie. Les estampes, que nous connoissons de lui, sont les suivantes:

1. Le Portrait du Pape Benoît XIV. en Ovale.
2. Vignette avec le Portrait du Pape Benoît XIV.
3. Sainte Thérèse en extase, pièce in-fol.
4. Une suite de vingt Vues de Venise, d'après Ant. Canal, gravées à l'eau-forte par J. B. Brustoloni, en 1763. In-fol. en t.
5. Autre suite curieuse de douze grandes planches, d'après le même, représentant les Cérémonies qui s'observent à l'Election du Doge de Venise, et à son Mariage avec la mer.

BENIGNE BOSSI, dessinateur, stucateur et graveur à la pointe et au burin; né à Porto d'Arcisato, dans le Milanez, en 1727. Son pere le conduisit à l'âge de dix ans à Nuremberg, où il apprit les élémens du dessin. De-là ils se rendirent à Dresde, où le jeune Bossi s'exerça dans le dessin, la peinture et la sculpture en stuc. La mort de son pere l'empêcha d'aller étudier à Rome sous Pompée Battoni. Hutin, Dietrich et Mengs lui conseillerent de graver à l'eau-forte, ce qu'il a fait et continué jusqu'en ce jour. La guerre de sept ans, dont la Saxe fut presque continuellement le théâtre, obligea Bossi en 1757. de retourner en Italie, et en 1760. il fut reçu à la Cour du Duc de Parme, où il vit honorablement, occupé des arts et des lettres, estimé et honoré comme il le mérite par ses excellentes qualités. V. Basan.

1. Le Portrait du Graveur Boëtius, de Dresde.
2. La Présentation de l'enfant Jésus au Temple, gravée en in-12. à Dresde en 1755.
3. Suite de Têtes et de sujets divers en quarante petites planches, très-spirituellement exécutées à l'eau-forte.
4. Une suite de Vases, et une Mascarade, d'après Petitot.
5—8. Quatre pièces de jolis Trophées, 1771. In-8.
9. Quatre pièces, les Attributs des quatre Saisons dans des ronds de Guirlandes, 1770. In-8.
10. 11. Deux pièces représentant des Enfans, 1771. Petit in-fol.
12—40. Une suite de vingt-neuf petits sujets, gravés à l'eau-forte et au lavis, d'après les dessins du Parmesan. In-4.
41. Les Villes de Piemont, figures allégoriques pour une Epithalame. In-4.
42. La fameuse Sainte Cathérine, qui appartient à la Maison Sanvitali, pièce gravée de la grandeur du tableau. In-4.

Estampe capitale de l'artiste.

ANTOINE BARATTI, peintre et graveur, né à Florence vers 1727. et florissant dans la même ville en 1759. Associé avec Laurent Lorenzini, Carl Gregori, Violente Vanni, P. Ant. Pazzi, François Bartolozzi, et Joseph Zocchi, il a travaillé au Recueil d'estampes d'après les meilleurs tableaux du Cabinet du Marquis de Gerini, dont Mariette a fait la description. Le premier Volume de cet ouvrage parut à Florence en 1759. gr. in-fol. Il a encore gravé d'après plusieurs maîtres italiens, entr'autres d'après dalla Rosa:

Le Portrait de Jean Bettini Cignarolli. In-4.

PIERRE CAMPANA, graveur au burin, né à Soria en 1727. Il apprit la gravure de Rocho Pozzi et travailla la plupart du tems à Rome et à Naples. On trouve de ses ouvrages dans les Cabinets de Florence et d'Herulanum.

1. St. François de Paule, demi-figure: *Charitas.* Sans le nom du peintre, qui est Seb. Conca. Ovale in-4.
2. St. Pierre délivré de prison par le ministere d'un ange. D'après Mat. Preti, de la Gal. de Dresde. In-fol. en t.
3. Pietro Berretini da Cortona, du Cabinet de Florence. In-fol.
3. Bernardino Barbatelli, detto B. Pocetti, pittore. *Ferretti.* Ibid. In-fol.

I. Dominique Cunego, dessinateur, graveur à la pointe et au burin, ainsi qu'en manière noire, né à Véronne en 1727. Il apprit les élémens du dessin et de la peinture dans l'école de Francesco Ferrari; mais se sentant plus de goût pour la gravure, il se mit à copier, sans autre instruction, les estampes de plus fameux graveurs. Ses premières productions, en fait de gravure, sont les Médailles pour le livre du Marquis Giacomo Museli Veronese. Etant allé à Rome avec l'Architecte Anglois Adams, il y grava les Antiquités romaines d'après les dessins de Clérisseau. Dans cette ville Cunego mit au jour un grand nombre d'estampes d'après les plus fameux tableaux des Peintres italiens. C'est encore lui qui grava la majeure partie des estampes de la *Schola Italica* de Gavin Hamilton.

Cunego fut appellé à Berlin pour travailler à l'Institut de Gravure, qu'un particulier, nommé Pascal, avoit établi dans sa maison. Pendant un séjour de quatre ans qu'il fit à Berlin, il grava plusieurs grands portraits, tant au burin qu'en manière noire d'après Cuningham. Cet établissement n'ayant pas réussi,

D. CUNEGO.

Il s'en retourna à Rome en 1789. Depuis son retour en Italie, il travaille avec la même ardeur et le même succès.

A. *Portraits gravés à Berlin d'après Cuningham.*
1. Frédéric II, Roi de Prusse, figure entière, avec les deux levrettes du Roi, en manière noire. Gr. in-fol.
2. Frédéric II, Roi de Prusse, avec les deux levrettes et des changemens, dessiné et gravé par Cunego. De même.
3. Frédéric-Guillaume, Prince royal de Prusse, figure entière, gravée au burin. Gr. in-fol.
4. La même Planche entièrement retouchée, avec le nom de Frédéric-Guillaume II, Roi de Prusse. Gr. in-fol.
5. Fréderique-Charlotte, Princesse de Prusse, figure entière, se promenant dans un jardin. Gr. pièce in-fol. gravée au burin.
6. Fréderic-Guillaume, Prince royal de Prusse, Fréderic-Louis-Charles, et la Princesse Fréderique, trois figures entières. Gr. pièce gravée au burin.

B. *Pièces pour la Schola Italica de Hamilton.*
1. La Création des eaux, d'après Michel-Ange. Petit in-fol. en t.
2. La Création du soleil et de la lune, d'après le même. Gr. in-fol. en t.
3. La Création d'Adam, d'après le même. In-fol. Trois pièces de la Chapelle Sixtine. In-fol.
4. La Maitresse de Raphael, dit la *Fornarina*; d'après le tableau de Raphael, du Palais Barberini. P. in-fol.
5. Galathé sur les eaux, d'après le tableau de Raphael du Palais Farnese. Gr. in-fol.
6. La Fille de Robert Strozzi, Noble Florentin, jeune personne jouant avec un chien; d'après le Titien. In-fol.

7. L'Enlèvement de Ganymede, d'après le même; P. in-fol.
8. Tête à grande barbe, d'après le Bassan. In-fol.
9. St. Jérôme en buste. *S. Hieronymus*; d'après le Guide. In-fol.
10. Buste d'un Vieillard; d'après le même. In-fol.
11. Belle Tête de Marie-Madeleine; d'après le même. P. in-fol.
12. Vieillard à mi-corps, tenant un rouleau à la main; d'après le Guerchin. In-fol. en t.
13. L'Enfant prodigue, d'après le tableau du Guerchin, au Palais Lancellotti à Rome. In-fol. en t.
14. La Naissance de St. Jean-Baptiste, d'après L. Carrache. Gr. in-fol. en t.
15. La Providence entourée d'enfans; d'après le même. Gr. in-fol.
16. Galathé sur les eaux; d'après la peinture d'Augustin Carrache qui fait partie de la Galerie Farnese. Gr. in-fol. en t.
17. Apollon et Silène, dans un beau paysage: d'après Annib. Carrache. Gr. in-fol. en t.
18. La Madeleine pénitente, couchée sur des épines; d'après le même. Gr. in-fol. en t.
19. Un jeune Homme et une jeune Femme en conversation sérieuse; d'après le Giorgion. In-fol.
20. Apollon, soutenant le jeune Hyacinthe blessé; d'après le Dominiquin, du Palais Farnese à Rome. Gr. in-fol. en t.
21. Sainte Cécile mourante, reçoit la couronne et la palme du martyre; d'après le même. Gr. in-fol. en t.
22. Deux Néréides, accompagnées de trois Amours; d'après l'Albane. Gr. in-fol. en t.

D. CUNEGO.

C. Sujets divers d'après différens maîtres.

1. *Benedictus Josephus Labre, Boloniensis.* And. Bley *pinx.* Gr. in-fol.
2. Clément XIV. Ganganelli. *Gio. Dominico Campiglia pinx.* In-fol.
3. Fréderic-Christian, Prince royal de Pologne, et Electoral de Saxe, dessiné et gravé par Cunego à Véronne. In-fol.
4. *Eques Antonius Raphael Mengs, se ipsum pinx.* In-4.
5. La Vierge, avec l'enfant Jésus dans ses bras. *A. R. Mengs pinx.* In-4.
6. Peintures d'Antoine Raphael Mengs, dans la Chambre des papiers de la Bibliothéque du Vatican, gravées par Cunego, dont Moïse et St. Pierre; en cinq grandes feuilles.
7. Saint Basile qui célébre la Messe Grecque, et l'Empereur Valens qui s'évanouit à l'offrande, d'après P. Subleyras; un des tableaux d'autel de St. Pierre de Rome, exécuté en mosaïque. Gr. in-fol.
8. Junon se parant de la ceinture de Vénus; d'après Gavin Hamilton. In-fol.
9. Hébé présentant la coupe à Jupiter; d'après le même. Pendant.
10. L'Allégro de Milton; d'après le même. In-fol.
11. Le Penseroso de Milton; d'après le même. Pendant.
12. L'Innocence, jeune fille avec un agneau, figure entière; d'après le même. Gr. in-fol.
13. Briséïs enlevée à Achille qui regrette sa perte; d'après le même. Gr. in-fol. en t.
14. Achille pleurant la mort de Patrocle, tué par Hector; d'après le même. Gr. in-fol. en t.

15. Achille, ayant tué Hector, traîne son corps derrière son char, d'après le même. Gr. in-fol. en t.

16. Achille rend le corps d'Hector à Priam son père; d'après le même. Gr. in-fol. en t.

17. Andromaque pleure la mort d'Hector; d'après le même. Gr. in-fol. en t.

18. Brutus faisant serment de venger la mort de Lucrece; d'après le même. In-fol. en t.

19. La Vierge à mi-corps, avec l'enfant Jésus, d'après J. B. Cignarole. P. in-fol. en t.

20. La Vierge à mi-corps, portant l'enfant Jésus debout, d'après le Corrège. In-fol.

21. La Madeleine, d'après le même. In-fol.

22. L'Apôtre St. André, d'après Guido Cagnaci. In-fol.

23. St. Thomas de Villanova, d'après Ant. Cavazzoni. In-fol.

24. La figure d'un Philosophe à grande barbe, d'après Cellani. In-fol.

25. Le Boiteux gueri, d'après L. Carrache. In-fol.

26. Le Portement de Croix, grande composition, d'après Raphael. Gr. in-fol. en t.

27. Le Christ porté au tombeau, d'après l'Espagnolet. Tr. gr. in-fol.

28. L'Eternel dans les nues, porté par les Anges, d'après le Dominiquin. In-fol.

29. L'Annonciation, d'après le même. Gr. in-fol. Peinture de Fano, dans la Chapelle de Nolfi.

30. La Visitation, d'après le même. Gr. in-fol. Ibid.

31. La Nativité, d'après le même. Gr. in-fol. Ibid.

32. La Circoncision, d'après le même. Ibid.

33. L'Adoration des Rois, d'après le même. In-fol. en t. Ibid.

34. La Présentation au temple, d'après le même. In-fol. en t. Ibid.
35. La Fuite en Egypte, d'après le même. In-fol. en rond. Ibid.
36. Le Christ mort, avec les deux Maries et deux Anges d'après le même. Gr. in-fol. en t. Ibid.
37. La Vierge dans sa Gloire, couronnée par la Trinité, au milieu d'un Concert d'Anges, d'après le même. Tr. gr. in-fol. en t. Ibid.
38. Renaud endormi sur le char d'Armide qui fend les airs et qui est traîné par deux Dragons aîlés. *Guercino da Cento pinx. Romæ in Aedibus Costaguti. Dom. Cunégo sculpsit* 1776. Tr. gr. in-fol. en t.
39. Le Tems qui découvre la Vérité, belle machine pittoresque, exécutée à Rome au Palais du Marquis Costaguti, en six grandes feuilles, indépendamment du plan général de tout le plafond; gravé au trait.
40. Le Jugement dernier de la Chapelle Sixtine au Vatican, d'après Michel-Ange, gravé au trait en 1780. Gr. in-fol.
41. Les Angles de la Chapelle Sixtine au Vatican, d'après Michel-Ange. Gr. pièce en t.
42. Un Tombeau antique sur lequel on voit une Bacchanale en bas relief, trouvée dans la Villa Casali en 1767. In-fol.
43—55. Vues d'Edifices antiques et de Ruines fameuses en Italie, d'après Clérisseau. 13. grandes et belles pieces, en t.

II. ALOYSIO CUNEGO, graveur au burin, né à Véronne en 1757. C'est le fils aîné de Dominique, et il a travaillé longtems à Livourne.

1. La Statue de l'Apollon du Belvedere, d'après un dessin de Tofanelli. In-fol.
2. Sainte Marguérite, Vierge et Martyre, d'après le Guerchin. In-fol.
3. La Sibylle persique, d'après le tableau du Capitole de Guerchin.
4. Sancta Maria Magdalena. *Guido Rheni pinx.* In-fol.

III. JOSEPH CUNEGO, graveur au burin, fils cadet de Dominique, né à Veronne en 1760. et, comme Aloysio, élève de son pere. Il paroît, que les fils n'ont pas cet amour du travail qui a toujours animé leur pere. Joseph a même tout-à-fait quitté la gravure, pour entrer dans l'Ordre religieux des Bons-Hommes.

1—4. Quatre Paysages d'Italie, ornés de figures, de fabriques et d'eaux, d'après Fr. de Capo. Gr. in-4. en tr.
5—12. Huit Paysages d'Italie, peints au Palais Colonna, par Gaspre Dughet, dit le Poussin; 8. pièces, imprimées sur quatre feuilles. Joseph Cunego sc. 1781. six pièces en hauteur et deux en largeur. Gr. in-fol. de forme étroite.

JULIEN TRABALLESI, peintre et graveur à l'eau-forte, né à Florence vers 1728. A Sienne il a peint à fresque dans l'Eglise paroissiale un rond de plafond, qui lui fait honneur.

J. TRABALLESI.

Traballesi est surtout habile dessinateur; il a dessiné la plupart des fameux tableaux de Bologne et de Florence, qui ont été gravés en différentes manières par divers artistes. Cependant le plus grand nombre de ces pièces a été gravé à l'eau-forte par lui même dans le goût des peintres. Il a fait aussi la plus grande partie des dessins pour la Collection des portraits des grands hommes de Florence, gravés par Allegrini et autres.

1. La derniere Communion de St. Jérôme, d'après Aug. Carrache. Gr. in-fol.
2. La Conversion de St. Paul, d'après L. Carrache. Gr. in-fol.
3. San-Alo et San-Petronio, à genoux devant la Vierge dans une Gloire; d'après le Cavedone. Gr. in-fol. en ceintre.
4. La Circoncision, d'après le Guide. Gr. in-fol.
5. St. Martin donnant son manteau à un pauvre, d'après un tableau à fresque au Palais du Marquis Guadagni. *Balth. Franceschini. p.* Gr. In-fol.
6. Le Pape sur son siège pontifical, inspiré du St. Esprit, reçoit les hommages et les tributs des différens Ordres du monde chrétien. D'après le Calabrese. Gr. In-fol. en ceintre.
7. Joseph demandant pardon à la Vierge des soupçons qu'il a conçus, d'après Tiarini. In-fol.
8. St. Dominique ressuscitant un petit Enfant, d'après le même. In-fol.

9. Le Sauveur donnant la communion à Sainte Cathérine de Sienne, d'après F. Brizio. In-fol.

10. St. Guillaume, Duc d'Aquitaine, prend l'habit de Moine; d'après le Guerchin. Gr. In-fol.

11. Ste. Marguerite, d'après le Parmesan. Gr. in-fol.

FABIUS BERARDI, graveur au burin, natif de Sienne vers 1728. se rendit jeune à Venise et apprit la gravure de Joseph Wagner, dont il devint un des bons disciples. Berardi n'a gueres gravé que d'après des peintres Vénitiens.

1. St. Séraphin, en demi-figure, adorant la Croix. Frontispice pour la Vie de ce Saint, imprimée à Rome en 1767.

2. Villageoise endormie, surprise par un Chasseur. D'après Piazetta. Gr. In-fol.

3. Isaac bénit Jacob. *F. Berardi, Venet sc. J. Wagner recognovit.* D'après J. B. Pittoni. Gr. in-fol. en t.

4. Le Sacrifice de Gédéon. D'après le même, par les mêmes. Gr. in-fol. en t.

5. Jacob et Rachel, d'après Jos. Varotti. Gr. in-fol. en t.

6. Agar et Ismaël dans le désert, d'après Jac. Varana, ou Guarana. Gr. in-fol. en t.

7—12. Suite de six Vues de Venise, d'après Ant. Canal, gravées par F. Berardi et Jos. Wagner 1742. Gr. in-fol. en t.

13—16. Suite de quatre Sujets champêtres, d'après J. B. Piazetta. Gr. in-fol.

FRANÇOIS

F. ALLEGRINI.

FRANÇOIS ALLEGRINI dessinateur et graveur à l'eau-forte, né à Florence vers 1729. Joseph et François Allégrini, Graveurs et Marchands d'estampes de Florence, ont commencé en 1760. à publier les portraits des hommes célèbres de leur patrie avec leurs vies. François a eu part à plusieurs Recueils qui ont paru de son tems. En 1762. il a publié une nouvelle édition du Recueil, intitulé: *Cento Ritratti della Real Famiglia de Medici*, avec des augmentations gravées par Preisler, Pitteri, Gregori, Pazzi &c.

1. *Giovanni, detto Cimabue, Fiorentino, Ristoratore insigne della Pittura.* C. Cocchi del. F. Allegrini sc. 1786. In-fol.
2. *Il divino Michel-Augelo Buonaroti, Fiorentino, Pittore Architetto e Poeta.* Traballesi del. 1763. In-fol.
3. *Il divino Poeta Dante Alighieri, Fiorentino.* Zocchi del. In-fol.
4. *Francesco Petrarca Fiorentino, celebrissimo Poeta &c.* Fioravanti del. In-fol.
5. *Luigi Jacopo Pulci, Poeta et Patrizio Fiorentino.* Traballesi del. 1782. In-fol.
6. *Pietr. Aretino, celebre e bizzarro Poeta et Prosatore Fiorentino.* Zocchi del. 1766. In-fol.
7. *Giovanni Boccaccio, eruditissimo Fiorentino.* Traballesi del. In-fol.
8. *Angelo di Benedetto Ambrogini, detto il Poliziano, Filosofo e Poeta Fiorentino.* Traballesi del. 1782. In-fol.

IV.   M

9. *Evangelista di Gaspero Torrècelli, Inventore del Barometro.* Id. del. 1762. In-fol.

10. *Lorenzo di Antonio Ridolfi, Giureconsulto celeberrimo.* Zocchi del. In-fol.

11. *Il divino Galileo di Vingenzio Galilei Patrizio, Filos. e Matemat.* Zocchi del. In-fol.

12. *Guglielmino Albertini, Vescovo d'Arezzo, famoso Capitano di parte Ghibelina, in Toscano.* S. Cardini Aretino del. 1765. In-fol.

13. *Julianus Laurent, Medicei, cognomento Magnifici et Clari.* — Zocchi del. Gr. in-fol.

14. *Clemens VII. Pontifex maximus &c.* Id. del. Ex Imperiali Augustissimi Caesaris Francisci I. Museo appr. l'Allegrini in Firenze. In-fol.

15. *L'Image de St. François d'Assise, vénérée à Sienne dans l'église nommée l'Alberino.* In-fol.

16. *La Circoncision*, pièce marquée: *Gius. Allegrini, stampa in rame dalle Croce rosa.*

Le même a gravé quelque portraits de la grande suite d'Allégrini.

CARLE FAUCCI, graveur à l'eau-forte et au burin, né à Florence en 1729. Il apprit la gravure de Carle Grégori, et grava ensuite plusieurs pièces pour le Recueil de la Galerie du Marquis de Gerini à Florence. De-là il passa à Londres où il a gravé plusieurs estampes pour le fond de Boydell. On a aussi plusieurs portraits des hommes célèbres de Florence de Raimond Fanni, neveu de Carle, qu'ils ont gravés conjointement. Raimond entreprit de graver en 1770. les fameux tableaux de la Bibliothéque de la Cathédrale de Sienne, peints par Pinturichio d'après les dessins de Raphael. Il a gravé avec le même succès le portrait et l'histoire.

Carle, avant de passer à Londres, avoit gravé plusieurs Statues antiques, d'après la Galerie de Florence, ainsi que diverses estampes en sociéte avec Gregori, Pazzi, Zocchi, Bartolozzi etc.

A. *Piéces gravées à Florence.*

1. Nicolas Machiavel, Secrétaire de la République de Florence, d'après le dessin de J. Zocchi. In-fol.
2. Jean-Marie di Baccio Cecchi, Poëte et Littérateur Florentin, peint par Aléxandre Allori, dit il Bronzini. In-fol.
3. Antoine-Marie-André Salvini, Professeur de langue grecque à Florence, sa patrie, d'après le dessin de Traballesi. In-fol.
4. Benedetto Menzini, Prélat Florentin, et Poëte Toscan, d'après le même. In-fol.
5. Aléxandre Piccolomini, Archevéque de Patrasso, Poëte et Orateur, d'après le dessin de Feliciati, *Raimond Faucci fc.* In-fol.
6. Portrait à mi-corps de Jean-Dominique Gabbiani,

peint par lui même *J. B. Cipriani del. Carol. Faucci sc. Florenz.* 1751.

B. *Pièces gravées à Londres par Carle Faucci, en grande partie pour le fond de Boydell.*

1. La Naissance de la Vierge, d'après P. de Cortone. In-fol.
2. L'Adoration des Bergers, d'après le même. In-fol.
3. Le Martyre de St. André, d'après Carlo Dolce. In-fol.
4. Le Couronnement de la Vierge, d'après Rubens. In-fol. Ce même sujet avoit été gravé par Pontius.
5. Une Bacchanale à demi-figures, d'après le même. In-fol.
6. Cupidon dans l'île de Chypre. *Guido Rheni pinx.* Gr. in-fol. en t. jolie pièce.
7. La Nymphe Egerie, pleurant la mort de Numa, changée en fontaine par Diane. *Francisc. Vieira pinx.* Gr. in-fol. en t.

JEAN-BAPTISTE JACOBONI, dessinateur et graveur au burin, né en Italie vers 1730. et florissant à Florence en 1760. Il a gravé, pour le Museum Fiorentinum, d'un burin très-net, plusieurs planches d'après des maîtres italiens.

1. Un Ange dans les nues soustrait un Enfant aux attaques d'un mauvais Génie. *Antrea Sacchi dipinse in Rieti. Gio. Batt. Jacoboni. dis. e intagl.* Gr. In-fol.
2. La Sainte Famille, composée de cinq figures, d'après Raphael, gravée par J. B. Jacoboni. In-fol.

A. ROSSI.

N. Pitau a gravé la même pièce.

3. La Vierge en demi-figure, avec un cœur brûlant, et l'enfant Jésus, d'après Seb. Conca. *Jacoboni del. Grandi sc.* 1740. In-fol.
4. Saint Fidelis de Sigmaringa, d'après Seb. Conca, ovale avec ornemens. In-4.
5. Saint Fidelis montant au ciel, d'après le même. Gr. In-4.

ANDRÉ ROSSI, dessinateur et graveur au burin, né à Rome vers 1730. Rossi a travaillé d'après différens maîtres italiens. Il a gravé la vue perspective de l'intérieur de l'Eglise Ara coeli, décorée pour la Canonisation de Ste. Marguerite de Cortone. On a encore de sa main:

1. Le buste d'une Vierge éplorée, d'après Carlo Dolce. 1772. In-4.
2. Ste. Marguerite de Cortone à genoux devant un crucifix, d'après P. de Cortone. In-fol.
3. Le Pape Benoît XIV. figure à mi-corps. *Andreas Rossi delin. ad vivum et sculps. Romæ.* en ovale. Gr. In-fol.
4. L'Empereur Joseph II. et le Grand-Duc de Toscane Leopold, se donnant la main, portraits historiés en pied, d'après Jer. Pompée Battoni, gravé par Andr. Rossi, 1775. Gr. In-fol.

Belle estampe très-recherchée.

FRANÇOIS BARTOLOZZI, dessinateur, et très-habile graveur à l'eau-forte et au burin, ainsi que dans presque tous les genres de gravures, pratiqués de nos jours, né à Florence en 1730. et vivant à Brombton à une lieue de Londres, membre de l'Académie royale des arts et graveur en titre du Roi d'Angleterre. Bartolozzi apprit le dessin chez Hugfort Ferretti à Florence, et la gravure chez Joseph Wagner à Venise. Ses progrès furent étonnans. Dans cette dernière ville il grava supérieurement à l'eau-forte pour le fond de son maître plusieurs grands paysages d'après Marco Ricci, F. Zuccarelli et autres. Il travailla aussi quelque tems à Florence et à Milan, occupé par les libraires, sans parler d'un grand nombre de sujets de dévotion qu'il grava pour des marchands d'estampes.

Enfin en 1764. Bartalozzi se rendit à Londres, où l'art de la gravure étoit déja dans une haute considération. Là il trouva toutes les occasions pour travailler à des sujets plus analogues à son talent: là il publia successivement cette quantité de belles estampes qui ont établi sa réputation sur des fondemens solides. Dans ses eaux-fortes d'après le Guerchin, il a rendu parfaitement le feu de son original, et ses ouvrages au burin, qui joignent à la pureté du dessin l'exécution la plus agréable, font les délices des amateurs éclairés. Il en est de même des autres genres de gravures qu'il a pratiqués, comme le pointillé qu'il a porté au plus haut point de perfection : tous décèlent l'artiste de goût et de génie. La beauté et la variété, ce charme si piquant dans les productions de l'art, se trouve dans presque toutes ses estampes, quelle qu'en soit la manière de l'exécution. Indépendamment du dessin et de la gravure il peignoit aussi très-bien en miniature et en pastel. Aussi Bartolozzi est-il un des artistes, auquel son siècle a rendu justice. Accueilli par une nation généreuse il trouve chez elle la récompense de son talent dans le prix qu'on met à ses ouvrages. Artiste laborieux, il se voit revivre et seconder par des élèves pleins de talens. Avec ce mérite reconnu, on conçoit que ses ouvrages sont généralement recherchés. L'excellence de son travail a engagé plusieurs amateurs de former son œuvre, un des plus considérables qui existe dans la gravure. M. Poggi de Londres m'a assuré qu'il a déja été vendu 1000. livres sterlings. M. de Heinecke, dans son *Dictionnaire des Artistes* nous a donné une liste assez étendue des estampes de cet habile homme, dont voici un extrait.

A. *Pièces sans nom de peintre, la plupart de son dessin.*

1. Portrait de François Bartolozzi, demi-figure, d'après Raynolds, gravé en points par Robert Marcuard, son éleve, en 1784. In-4.
2. Portrait du Comte Gozzi. In-4.
3. Portrait du R. P. Lagomasius. In-4.
4. Portrait d'une jeune Dame, en cheveux et en négligé, en crayon rouge. In-fol.
5. *Iphigenie a celebrated Dutchess in that caracter as she apared ad a masqued bal 1749.* — C'est la Duchesse de Kingston, en buste, et gravée en points. In-fol.
6. Les trois Anges chez Abraham, pièce gravée à l'eau-forte. In-fol.
7. La Manne recueillie dans le désert, pièce semblable.
8. Job abandonné par ses amis. — *Et derelicta sunt &c.* In-fol.
9. La Vierge, en demi-figure, avec l'enfant Jesus, pièce en rond et au crayon rouge. In-4.
10. St. Dominique devant la Vierge. In-4.
11. Ste. Catherine de Ricci devant un Crucifix. In-4.
12. St. Pierre d'Alcantara dans le ciel. In-4.
13. St. Népomucènes dans le ciel. In-4.

F. BARTOLOZZI.

14. Miracle de St. Eligio. *S. Eligio andando per la campagna a sepelire i morti.* In-4.
15. Miracle de St. Pierre Regolato, avec l'inscription: *Trovandosi &c.* In-4.
16. Une Charité, pièce gravée en point, marquée: *ipse fecit.* 1789. ovale. In-4.
17. Trois enfans jouant avec un bouc, dans le goût du crayon. In-4.
18. Trois enfans soutenant une guirlande; de même. In-4.
19. L'Origine de la Peinture, 1787. In-4.
20. Affectation et Innocence. In-4.
21. Un Berger se reposant dans une campagne, sa flûte en main. F. B. In-8.
22. Une Bergere assise et devant elle quelques brebis. Bartolozzi. f. In-8.
23. Collection de Gemmes, dessinés par différens maîtres, recueillis dans un volume et gravés par Bartolozzi.
24. Vingt deux planches pour les Ouvrages d'Architecture des Freres Adams, dont le frontispice represente Minerve qui montre à un éleve la Grece et l'Italie, ouvrage imprimé à Londres en 1778. Gr. In-fol.

B. *Pièces d'après differens maîtres.*

1. St. François de Sales terrassant l'Hérésie, d'après Jac. Amiconi; tableau de la Vierge de Consolation à Vénise. Gr. in-fol.
2. Trois saints Jésuites devant la Vierge, d'après Ant. Balestra, le tableau à l'église des Jésuites à Venise. Gr. in-fol.
3. Le Naufrage, d'après Barralett, pièce gravée conjointement avec Picot. In-4. en rond.

4. Port d'Italie, d'après le même par les mêmes; pendant.

5. La Tempête, par Barralett; les figures par Cipriani, et la gravure par les mêmes. Gr. in-fol. en t.

6. Les Nymphes au burin, le paysage par le même, et la gravure par les mêmes. Gr. in-fol. en t.

7. Les deux Filles de Lady Beauclere sur un canapé; d'après Diane Beauclerc; pièce gravée au bistre 1780. In-4. presque carré.

8—11. Quatre pièces d'après J. H. Benvell, gravées au crayon rouge, savoir: 1) Beauté de St. James. 2) Beauté de St. Giles. 3) Jenney. 1784. 4) Marie Moulines. In-4.

12. Rébecca cachant les idoles de son père; d'après Pietre de Cortone. Gr. in-fol. en t.

13. Laocoon sacrifiant aux portes de Troie, assailli par deux serpens; d'après le même. Gr. in-fol. en t.

14. Paysage d'Italie, gravé en 1763. d'après un dessin du même. Gr. in fol. en t.

15. Paysage d'Italie, d'après Paul Bril, orné de figures du Dominiquin, gravé par J. Browne et F. Bartolozzi. Gr. in-fol. en t.

16. La Danse, figurée par trois jeunes filles; d'après H. W. Bunbury, gravée en 1782. en rouge. In-fol. en rond.

17. Le Chant, exécuté par trois jeunes filles; d'après le même. De même.

18. L'histoire d'une Ballade, représentant Lord Thomas et la belle Annette; d'après le même. In-fol. en rond et en rouge.

19. Histoire de la Ballade du vieux Robin Gray, où la fille est assise entre son père et sa mère; d'après le même. In-fol. en rond et en rouge.

20. Lady Anne Bothwell chantant ses doléances à son enfant; d'après le même; de même dimension, en rond et en rouge.
21. Charlotte assise au milieu de sa famille; d'après le même; de même dimension et en rouge.
22. Première scène d'Adelaïde dans le jardin de Bagnieres, sujet tiré du Comte de Comminges; d'après le même; même dimension, en rond et en rouge.
23. Le jardin de Carleton-House, avec des chanteurs de ballade Napolitains; d'après le même. Fête donnée en 1784. par le Prince de Galles. Gr. in-fol. en t. gravé en points.
24. St. Luc peignant la Vierge; d'après S. Cantarini. In-fol.
25. Le Portrait d'Annibal Carrache, dessiné par lui même. *F. Bartolozzi in Londra* 1764. en brun foncé. In-4.
26. Le Buste de Michel-Ange, sans nom de peintre; même exécution.
27. Roland délivrant Olympie de l'Orque; d'après Ann. Carrache, gravé en 1763. Gr. in-fol. en t.
28. Clytie, abandonnée par le Soleil; d'après le même. Grande pièce en rond.
29. La Femme adultère; d'après Aug. Carrache. Gr. in-fol. en t.
30—37. Suite de huit pièces; d'après B. Castiglione, gravées dans le goût du crayon rouge. In-4. Savoir: 1) Adam à qui on apporte le corps d'Abel. 2) Sacrifice de Noé. 3) Rébecca quittant la Mésopotanie. 4) Jacob retournant chez son père. 5) L'Adoration des Bergers. 6) La Vierge avec l'enfant Jésus à qui le Père éternel apparoît. 7) La Vierge adorée par les Anges et les hommes. 8) La Résurrection du Lazare.

38. Prométhée déchiré par un vautor; d'après Michel-Ange. In-4.
39. Séparation d'Achille et de Chriséis; d'après J. B. Cipriani. In-fol. en t.
40. Les Adieux d'Hector; d'après le même. In-fol. en t.
41. Chriséis rendue à son père; d'après le même. In-fol. en t.
42. Didon mourante; d'après le même. Gr. p. en ovale et en travers.
43. Les Ducs de Northumberland et de Suffolk engagent Lady Gray d'accepter la Couronne. In-fol. en t.
44. Jupiter et Junon sur le mont Ida; d'après le même. In-4. en t.
45. Vénus présentant le ceste à Junon; d'après le même. In-4. en t.
46. Vénus parée par les Graces; d'après le même. Ovale en t.
47. Hercule in bivio; d'après le même. Ovale en t.
48. Tancrede et Herminie; d'après le même. In-fol.
49. Tancrede et Clorinde, faisant pendant.
50. La Rencontre d'Héloïse et d'Abelard aux champs Elisées; d'après le même. Pièce en rond, in-fol.
51. Adelaïde, ou les Bergers des Alpes. Pendant.
52. La Nymphe de l'Immortalité couronnant le buste de Shakespeare; d'après le même. In-fol.
53—64. Suite de douze jeunes et jolies figures à mi-corps en ovales et en couleur. In-8. Savoir: 1) Attention. 2) Sympathie. 3) Affection. 4) Serenity. 5) Contemplation. 6) Vigilance. 7) Constancy. 8) Amour. 9) Harmonie. 10) Admiration. 11) Liberality. 12) Prudence. D'après le même.
65. Marie Cosway assise dans un jardin; d'après

Richard Cosway, pièce légérement gravée en 1785. en brun. In-4.

66. Mistriss Abington couronnant le buste de Shakespeare; d'après le même, en points, rehaussé de rouge. In-4.

67. Miss Eyre, à mi-corps, avec un chien; d'après le même. In-8.

68. Signora Allegranti; d'après le même, au crayon rouge. In-4.

69. Vénus et Adonis; d'après le même, en points. Gr. in-4.

70. Le petit Moraliste; d'après le même, en points. Gr. in-4.

71. Portrait de Lady Beauclerc; d'après F. Cotes, en rouge. P. in-fol.

72. Portrait en pied d'Omaï de l'île Ulajetea; d'après Nath. Dance, en brun foncé. In-fol.

73. La Vierge, avec l'enfant Jésus, à qui elle donne le sein; d'après Carlo Dolce. In-4.

74—86. Treize planches pour la suite des peintures de la Chapelle de St. Nil et de St. Barthélemi, sujets peints par le Dominiquin dans le cloître de Grotta Ferrata.

87. Cecilia, portrait de Madame Gibson, d'après Englehaerd, gravé en points; petit ovale.

88. Jeux d'enfans au Printems; d'après M. A. Franceschini. Gr. in-fol. en t. et en rouge.

89. Jeux d'enfans en Autômne; d'après le même. Pendant.

90. 91. Deux Paysages; d'après A. D. Gabbiani, du Cabinet du Marquis de Gerini. In-fol. en t.

92. La Mort de Ste. Justine, d'après un tableau de Jordane qui est à Padoue. Gr. in-fol.

93. Vénus, Cupidon et un Satyre; d'après le même. Gr. in-fol, en t.

94. St. Pierre et St. Paul, au crayon rouge; d'après le Guerchin. In-4.

95. La Vierge apprenant à lire à l'enfant Jésus, d'après le même; en ovale in-4.

96. Les deux Filles du Guerchin; d'après le même. Ovale dans le goût du crayon. In-4.

97. Vénus et Adonis; d'après le même; de même. Gr. in-fol. en t.

98—120. Recueil des Dessins du Guerchin, passés du Cabinet du Consul Smith à Venise dans celui du Roi d'Angleterre, Recueil publié à Londres en 1764. en deux parties, contenant 81. pièces, dont 23. gravées par Bartolozzi.

121. Portrait de Lord Cornwallis; d'après Hamilton, en points rouges, 1781. In-8.

122. Romeo et Juliette; d'après W. Hamilton, gravé en points rouges. Gr. in-4.

123. Hamlet et sa Mère; pièce semblable.

124. Socrate dans sa prison, écrivant; d'après Aug. Kauffmann; ovale. In-4.

125. Pénélope pleurant sur l'arc d'Ulysse; d'après la même; au crayon rouge; en ovale. P. in-fol.

126. Didon invoquant les Dieux, avant de monter sur le bucher fatal; d'après la même. *Delattre fc. Bartolozzi direc.* 1780. Pendant.

127. Télémaque et Mentor dans l'île de Calipso; d'après la même. In-fol. en t.

128. Paul Emile s'occupant de l'éducation de ses enfans; d'après la même. In-4.

129. Calais. La Tabatiere de Yorick; d'après la même. *Delattre fc. Bartolozzi direx.* en points rouges et en rond. In-fol.

130. Moulines. Le Mouchoir; Sterne et Marie. Par les mêmes; pendant.

131. Diane se préparant pour la chasse; d'après la même, au crayon rouge en ovale. In-4.
132. Pâris et Oenone gravant leurs amours sur l'écorce d'un hêtre; pendant.
133. La Naissance de Shakespeare; d'après la même, pièce gravée en 1782. grand ovale au crayon rouge.
134. Le Tombeau de Shakespeare, pendant de la pièce précédente.
135. Les trois Beaux-Arts; d'après la même, au crayon rouge. Ovale, p. in-fol. en t.
136. Zeuxis composant son tableau de Junon; d'après la même, au crayon rouge. In-fol. en t.
137—140. Les quatre Saisons; d'après la même, quatre pièces portant pour titre: 1) Flora. 2) Ceres. 3) Pomona. 4) Yver. En crayon rouge et en ovale. P. in-fol.
141—144. Les quatre parties de la Peinture, figurées par des génies de femme; par la même. 1) Invention, figure la tête ailée. 2) Composition, figure méditant profondément. 3) Design, figure dessinant le Torse antique. 4) Coulouring, figure empruntant ses couleurs de l'arc-en-ciel; quatre pièces en brun foncé, et en rond. In-fol.
145. Coriolan appaisé par sa mère et par sa femme; d'après la même, en points rouges. Gr. in-fol. en t.
146. Entrevue d'Edgar et d'Elfrida après son mariage avec Athelwold; d'après la même.

Cette belle planche a été commencée par Ryland et achevée au burin par Bartolozzi pour le bénéfice de la veuve qui la publia en 1786. Tr. gr. p. en t. Pièce capitale.

147. Le Lever de l'Aurore; d'après Ph. Lauri. In-fol.
148. Angélique et Médor; d'après B. Lutti, au lavis.

149. Cupidon instruit par Mercure; d'après le même; au lavis. Gr. in-fol.

150. Paysage montagneux; sur le devant des Pêcheurs italiens; d'après le même; à l'eau-forte. In-4. en t.

151. Le Portrait historié de Carlo Cignani; d'après C. Maratti; en brun foncé. Gr. in-fol.

152. Le Portrait historié de Pietre de Cortone; d'après le même. De même.

153. Rébecca prête à quitter son pays; d'après le même. Gr. in-fol. en t.

154. Le Roi Jean ratifiant la grande charte; d'après J. Mortimer; pièce commencée par Ryland, et terminée par Bartolozzi pour le bénéfice de la veuve, publia en 1783. Tr. gr. p. en t. faisant pendant avec l'Edgar d'Aug. Kauffmann.

155. Le Portrait de Giorgiana Duchesse de Devonshire; d'après Nixon, au crayon rouge. In-8.

156. Le Portrait de Madeleine Morelli, Poëtesse connue sous le nom de Corilla; d'après Anne Piatolli. In-8.

157. Les Voyageurs rustiques; d'après P. Potter, pièce gravée par Bartolozzi et Vivarès en 1779. Gr. in-fol. en t.

158. Paysage avec des Ruines antiques, d'après le Poussin. Gr. in-fol. en t.

159. La *Madonna della Pesce*; d'après le tableau de Raphael à l'Escurial. In-4.

160. La *Madonna della Seggiola*: d'après le tableau de Raphael à Florence. In-4.

161. Portrait d'Angelique Kauffmann, *ex Academia Regali Artium Londoni*; d'après Josua Reynolds, en points bruns. In-fol.

162. Le Dictateur Camille, venant délivrer Rome, op-
primé

primé par Brennus, d'après Seb. Ricci. Gr. in-fol. en t.

163. Portrait de la Rosalba, d'après elle même, petit ovale, dans le goût du crayon.

164. *Lady and Child*. Une Dame avec son enfant, demi-figure; d'après Sassoferrata. In-4. D'un burin délicat.

165. *Mon fils rendez vous attentif à ma sagesse &c.* D'après Pellegrino Tibaldi. Gr. in-fol. d'un beau burin.

166. Un Enfant nud endormi sur un lit; d'après Elisabeth Sirani. In-fol. en t.

167. La Mort du Capitaine Coock; d'après J. Webber, les figures gravées par Bartolozzi, et le reste par Byrne. Gr. in-fol. en t.

168. Cornélie, mère des Gracques, montrant ses enfans comme ses seules parures; en points rouges, d'après Benj. West. In-4. en t.

169. Le Prince Guillaume-Henri, en Matelot, debout sur un tillac; d'après le même. *Bartolozzi aqua forti, Sandby aqua tinta* 1780. Gr. in-fol.

170—181. Les douze Mois de l'année; d'après Jos. Zocchi, 12. pièces ornées de figures qui expriment les divertissements propres à chaque mois. Gr. in-fol. en t.

182. Marie Reine d'Ecosse avec son fils, figures en pied; d'après Fréd. Zuccaro.

183. Le Départ d'Abraham et de Loth; d'après Zuccarelli; pièce gravée par Bartolozzi et par Byrne. Gr. in-fol. en t.

184. Un Calme et une Tempête, d'après le même; deux grands paysages, gravés par les mêmes. Gr. in-fol. en t.

185. Bal et Noce champêtre; d'après le même; gravés par Bartolozzi et par Vivarès. Gr. in-fol. en rond.

186. Imitations de dessins originaux par Hans Holbein.

IV. N

Superbe ouvrage, qui renferme les Portraits des personnages illustres du tems de Henri VIII. Les Têtes, d'après les originaux de Holbein dans le costume du tems, sont gravées par Bartolozzi et imprimées en couleurs. L'impression n'a rien livré de plus précieux que ces têtes, dont il a paru 7. Numéro en gr. in-fol. qui coutent à Leipzig 125. Reichsthalers.

Bartolozzi a encore gravé d'après deux miniatures précieuses de Holbein, de la Collection du Roi d'Angleterre, les deux jeunes fils du Duc de Suffolk, Henri et Charles Brandon, représentés en bustes dans le costume du tems de Henri VIII. et exécutés avec les couleurs naturelles sur des fonds bleux célestes. Rien n'approche de la délicatesse de ces deux morceaux.

Il ne nous reste plus qu'à annoncer une suite de gravures de Bartolozzi qui a paru à Londres en 1797. et qui renferme des dessins originaux des Carraches de la Collection du Roi d'Angleterre. Les pièces qui composent cette suite, au nombre de six, sont exécutés dans les manières des originaux, sans que la gravure leur ait rien fait perdre de leur mérite. Nous allons les ranger dans le même ordre qu'elles ont été publiées à Londres.

1. Tête d'Annibal Carrache, grande comme nature, gravée dans le goût du crayon noir sur un fond jaunâtre. *An. Carracci del. F. Bartolozzi fec.* Morceau d'une grande vérité et d'une grande force d'expression. Gr. in-fol.

2. Abraham traitant les trois Anges à sa table ; sur un fond jaunâtre clair, imprimé en brun. *Lud. Carracci del. Fr. Bartolozzi fec.* In-fol.

3. Tête de St. Pierre, le regard levé, grande comme nature, exécuté au crayon rouge. *An. Carracci del. Fr. Bartolozzi fec.* Gr. in-fol.

4. Vision de Jacob, ou l'échelle mystérieuse, gravure légère en brun clair. *Lud. Carracci del. Fr. Bartolozzi fec.*

5. Tête d'un Moine, au crayon rouge. *An. Carracci del. Fr. Bartolozzi fec.* Gr. in-fol.

6. La Naissance de Pirrhus, au burin et aux points, en brun clair. *Aug. Carracci del. Fr. Bartolozzi fec.* In-fol.

7. La Mort du Comte de Chatam, estampe dédiée au Roi d'Angleterre et donnée par souscription, peinte par J. S. Copley, et gravée par Fr. Bartolozzi, 1791. haute de près de deux pieds et large de près de deux pieds et demi.

La scène représente la salle de la Chambre haute du Parlement, les membres assemblés. Lord Chatam, à la suite d'un discours parlementaire, s'est trouvé mal Privé de sentiment, il est couché sur le dos, entouré de ses deux fils, appellés au Parlement par extraordinaire, et environné d'une multitude de spectateurs. Cette riche ordonnance, composée de plus de 50. figures, tous portraits, rangés sur différens plans, donne pourtant à tout le tableau, malgré les talens des artistes, un air froid et monotonne.

PIERRE-ANTOINE PAZZI, graveur au burin, né à Florence vers 1730. On a de lui un grand nombre de portraits d'artistes qui se trouvent dans les Vol. du Mus. Florentinum, et divers morceaux de la Galerie de Florence. Les estampes de Pazzi dans ces suites se distinguent avantageusement. Il y a aussi un Joseph Pazzi, apparemment son frère, qui a gravé un grand nombre de Prélats italiens.

1. *Andreas Corsinus, Protonotarius Apostolicus, Cardinalis.* 1759. Gr. in-fol.
2. *Antonius Maria Herba Odescalcus, Archiepiscopus Niccae — Cardinalis.* 1759.
3. *Princeps Antonius Medices, Francisci Magni Duc. Etruriae Filius. Jos. Baldrighi del.* In-fol.
4. *Blanca Capella, Bartholomaei Patricii Veneti filia, Franc. I. Mag. Duc. Etruriae secunda Uxor. T. Cherardini del.* In-fol.
5. Francesco Albani, Peintre de Bologne. *Se ipse pinx.* In-fol.
6. Fréderico Barocci, Peintre romain. *Se ipse pinx.* In-fol.
7. Jacobo Bassano, Peintre vénitien. In-fol.

8. Jean Bizelli, Peintre florentin, peint par lui même pour la Galerie de Florence. In-fol.
9. Andrea Boscoli, Peintre florentin, peint par lui même. Ibid. In-fol.
10. St. Philippe Benizi, refusant le Pontificat, d'après Sig. Betti. In-4.
11. St. Zanobi, ressuscitant un mort, d'après le même. De même.
12. Une Sainte Famille, esquisse au trait, d'après Cambiasi. In-fol.
13. St. Taddée, Apôtre, d'après Vinc. Carducci, de la Galerie de Gerini. In-fol.
14. Une Vieille apportant une lettre à une jeune Fille, en demi-figures, d'après Aug. Carossetti. In-4.
15. Une jeune Sibylle, demi-figure, d'après J. M. Crespi. In-4.
16. Effigie de Ste. Magdalena de Pazzi, d'après Oct. Dandini, gravée par P. A. Pazzi. In-4.
17. Effigie di S. Verdiana, Vergine da Castel Fiorentino, J. Menabuoni del. Petit in-fol.
18. L'Assomption de la Vierge, d'après le fameux tableau de Raphael qui est à Foligni. P. A. Pazzi sc. 1761. Gr. in-fol.

La même pièce gravée antérieurement par V. Vittoria.

DOMINIQUE BERNARD ZILOTTI, peintre et graveur à l'eau-forte, né à Borso, village du Piémont à cinq lieues de Bassano, vers 1730. Zilotti s'étant rendu à Venise, où il étudia les statues antiques, passa la plus grande partie de sa vie dans cette ville. Cet artiste, qui possédoit une collection choisie d'estampes, s'étoit lié d'amitié avec A. Zanetti, F. Bartolozzi, Joseph Wagner, et d'autres artistes et amateurs. Il a peint de beaux paysages dans le goût de Zuccarelli, et il a gravé d'une pointe spirituelle nombre d'estampes, tant d'après ses compositions que d'après les plus fameux maîtres Vénitiens.

1. 2. Deux jolies Pastorales: 1) Un Berger assis au pied d'un rocher jouant du flageolet auprès de son troupeau. 2) Une Bergere debout derrière une barriere auprès de son troupeau. In-fol. en t.
3. 4. Deux Paysages, gravés dans le goût de Gaspre Poussin. In-fol. en t.
5. 6. Deux Paysages montagneux, ornés de figures et de bestiaux. In-fol. en t.

Joseph Zocchi, peintre et graveur à l'eau-forte, né à Venise vers 1730. Il a beaucoup travaillé dans cette dernière ville, conjointement avec Amiconi. Jos. Wagner a publié plusieurs suites historiques et champêtres gravées par lui, par Bartolozzi et autres. Zocchi ayant passé à Florence, peignit les figures au plafond de la Salle du Spectacle en cette ville. Il a dessiné les Vues des endroits les plus remarquables de la Ville de Florence et celles des principales Maisons de plaisance des environs. Dans cette dernière suite il a gravé deux planches, et il y en a plusieurs dans la première, où il a fait les figures. En outre il a gravé à l'eau-forte plusieurs pièces, tant de sa composition, que d'après différens maîtres.

1. Homme vu à mi-corps, coiffé d'un bonnet fourré. *Guis: Zocchi fe.* In-4.
2. Conversation champêtre. *Gio. Zocchi del. & sc.* In-4. en t.
3. Le Passage de la mer rouge, pièce qu'on croit être d'après le Bourguignon. Gr. in-fol. en t.
4. La Vierge et l'enfant Jésus couronné par les Anges, d'après le Guide. In-4.
5. Joseph vendu par ses frères. *Ex Calcographia Jos. Wagner.* In-fol.
6. L'Enlevement d'Europe par Jupiter, transformé en taureau, d'après le Pesarese. In-4. en t.
7. L'Histoire ôte le masque au Vice, d'après Balt. Franceschini. In-4.
8. La Vertu saisit l'Amour par les ailes, d'après le même. In-4.
9. Offrandes à Cérès, d'après P. de Cortone. In-fol.
10. Le Jugement d'Hercule, d'après le même. In-fol.
11. Les trois Graces, dont deux chantent et une touche la lyre, d'après le même. In-4.
12. La Descente d'Enée aux enfers, d'après Solimene. Petit in-fol.

Jos. Zucchi.

Joseph Zucchi, ou Zocchi, graveur à la pointe et au burin, peut-être de la même famille que les Zocchi ou Zucchi de Venise, né vers 1732. Joseph, ayant passé à Londres en qualité de graveur, fit connoissance avec la célèbre Angélique Kauffmann et se trouva à portée de lui rendre quelques services. De-là il se rendit avec elle à Rome, où il s'occupe plus des affaires économiques d'Angelique que de son art. Aujourd'hui on dit qu'ils sont mariés et qu'ils vivent dans une parfaite harmonie. Les gravures, que nous connoissons de cet artiste, datent toutes de Londres, et sont les suivantes :

1. La Muse Erato, d'après Angélique Kauffmann. P. in-fol.
2. La Muse Uranie. *Urania coeli motus scrutatur, & astra.* Id. pinx. In-fol. 1776.
3. Le Symbole de la Simplicité. *Estote — — simplices sunt columbae.* Id. pinx. In-fol. 1776.
4. Calypso appelle le ciel et la terre à témoin de son sincère attachement pour Ulysses. *Ang. Kauffman pinx. Jos. Zucchi sculps.* 1781. Boydell exc. Gr. in-fol.
5. Jugement d'Hercule. *P. du Cortona pinx.* Gr. in-fol.
6. Offrande à Cérès. *Id. pinx.* Gr. in-fol.
7. Enée se réfugiant dans la grotte avec Didon. *Guido Rheni pinx.*
8. La Vierge avec l'Enfant dans le nues, entourée d'Anges. *Id. pinx.* In-fol.

J. CATTINI.

9. La Vierge, l'enfant Jésus et St. Jean entre deux Saints. *Bartolomeo pinx.* In-fol.
10. Le Reniement de St. Pierre. *Guerchino pinx.* In-fol.
11. Jupiter et Europe, accompagnée de ses Nymphes. *Sim. de Pesaro pinx.* In-fol. en t.
12. Jupiter et Europe dans l'onde, accompagnée d'Amours. *Id. pinx.* In-fol. en t.

Jean Cattini, dessinateur et graveur à la pointe et au burin, né à Venise vers 1730. et florissant dans la même ville, en 1760. Il a gravé diverses statues antiques de la ville de Venise, et une suite de 14. grosses Têtes dans le goût de celles de Pittéri, mais avec moins de succès. Outre cela on a plusieurs portraits de sa main, tant de son dessin que d'après d'autres maîtres.

1. Lorenzo Giustiniani, premier Patriarche de Venise. *Job. Cattini incid.* Gr. in-fol.
2. Daniello Barbaro, Patricien et Patriarche de Venise. *Id. del. & sc.* Gr. in-fol.
3. Paolo Sarpi, Vénitien, de l'Ordre des Servites. *Id. del. e sc.* Gr. in-fol.
4. Victor Amédée, Duc de Savoye. *Id. fec.* Gr. in-fol.
5. Petrus Longhi, Pictor Venetus. *Nogari pinx. Job. Cattini incid.* In-fol.
6. Franciscus Zuccharelli, Pictor Senens. *Id. pinx. Id. incid.* In-fol.

1. Frontispice, pour le *Thesaurus Antiquitatum sacrarum*. D'après Amiconi, sans son nom. *Joh. Cattini incid.* In-fol.

FRANÇOIS CASANOVA, peintre et graveur à l'eau-forte, né à Londres en 1732. de parens Vénitiens. Il apprit les principes de son art à Venise chez François Simonini, habile peintre de batailles. A l'exemple de son maître il prit le Bourguignon pour modele, et réussit singulierement dans le même genre. Outre les batailles, Casanova a peint d'un bon coloris des marines, des paysages et des sujets de conversation. Il a travaillé quelque tems à Dresde, puis, s'étant rendu à Paris, il a été reçu membre à l'Académie sur les témoignages de sa capacité. Parmi les éleves, qu'il a formés à Paris, celui qui lui fait le plus d'honneur, c'est Jac. Ph. Louterbourg. Depuis une douzaine d'années il réside à Vienne, où il a peint plusieurs grands tableaux pour différens Seigneurs de cette résidence.

Au rapport de Basan, Casanova a gravé plusieurs pièces à l'eau-forte de sa composition. Le nombre des estampes gravées d'après ses tableaux et ses dessins est assez considérable. Voici le nom des graveurs: Beauvarlet, Moyreau, Du Four, Colibert, Godefroy, le Vasseur, Mongeroux, Laurent. — Adam Bartsch, artiste de Vienne, a gravé, d'après lui un très-grand morceau daté de 1792. C'est l'Assaut et la prise de la forteresse d'Oczakow par les Russes sous le commandement du Prince Potemckin.

Jean Casanova, frere ainé de François, s'est aussi distingué par ses talens. Il apprit les principes de son art à Rome, dans l'école du célèbre Mengs, fut appellé à Dresde en 1766. et mourut en cette ville en 1795. Professeur et Directeur de l'Académie Electorale des Arts. Grand dessinateur, Casanova étoit un homme qui possédoit en un haut dégré la théorie de toutes les parties de la peinture.

Jean-Baptiste Cipriani, peintre et graveur à l'eau-forte, né à Pistoïa en 1732. et mort à Londres en 1785. Après avoir appris les principes de son art, il se rendit à Rome en 1750. et s'y fit bientôt connoître par des ouvrages pleins de goût. De-là il passa à

Londres, précédé par sa réputation. Il fut un des premiers membres de l'Académie royale, fondée en cette ville en 1769. Les Anglois ont toujours beaucoup goûté sa manière de peindre. Ses tableaux historiques sont d'un dessin corect et d'un bon coloris; ses têtes son spirituelles et agréables.

Cipriani a gravé avec esprit plusieurs pièces, tant de sa composition que d'après celle des autres. Basan, dans son Dictionnaire des graveurs, rapporte cette anecdote: „On con„noît de Cipriani une Descente de Croix „d'après van Dyck. On lit au bas de cette „estampe, qu'un François, entrant dans le Ca„binet de son fils, pendant son absence, et „trouvant sur son bureau un traité qu'il fai„soit sur la religion de son pays, fit poser de„vant son bureau le tableau d'après lequel cette „estampe a été gravée, et écrivit sur son pa„pier: Vois ce qu'il en couta à un réfor„mateur". Nous citons cette estampe sur la foi de Basan, nous connoissons mieux les suivantes:

1. Plusieurs Portraits d'hommes illustres du tems de Cromwell. In-fol. Rares.

2. La Mere et l'Enfant, d'après sa composition. P. in-fol.
3. La Mort de Cléopâtre, d'après B. Celini.
4. Le St. Esprit descendant sur les Apôtres, d'après Gabbiani pour la *Raccolta de cento pensieri*, au lavis, Ovale. In fol.

A Londres on a gravé une infinité de belles choses d'après Cipriani; et parmi les graveurs il suffit de nommer Bartolozzi.

ALEXANDRE LONGHI, peintre et graveur à l'eau-forte, né à Venise en 1733. fils de Pietre Longhi, habile peintre de genre, il apprit la peinture de Joseph Nogari. Il a peint une infinité de portraits qu'on trouve dans les maisons des Nobles de Venise. En 1763. il publia en un Vol. in-fol. les Vies et les Portraits des fameux Peintres d'histoire Vénitiens de son siècle, les portraits gravés à l'eau-forte par lui même. Les descriptions qu'il y a ajouté sont assez maigres; et on l'accuse de plus, d'avoir omis par jalousie dans son ouvrage plusieurs des meilleurs peintres de son pays; en revanche il n'a pas oublié de régaler le public de son propre portrait et de parler de lui même avec complaisance. Aléxandre a gravé aussi plusieurs morceaux de conversation d'après son pere.

1. Jacques Amiconi, peintre de Venise, mort en 1758.
2. Antoine Balestra, peintre de Véronne, peint par lui même; mort en 1740.
3. Sébastien Ricci, mort en 1734.
4. Giovanni Batt. Piazetta, mort en 1754.
5. Giovanni Batt. Tiepolo, mort à Madrid en 1770.

Cinq pièces de genre, d'après Longhi.

1. Le Philosophe Pitagore.
2. Un Maure battant le tambour.
3. Un Charlatan sur son traiteau.
4. Un Gondolier dansant avec une Dame.
5. Une Mascarade de Venise.

JEAN OTTAVIANI, dessinateur, graveur à l'eau-forte et au burin, né à Rome vers 1735. Il apprit la gravure à Venise à l'école de Wagner, d'où sont sorti tant d'habiles graveurs. Pendant son séjour en cette ville il publia quelques estampes qui le firent connoître. De retour à Rome il grava à l'eau-forte les fameuses Loges de Raphael dans le Vatican, avec les arabesques et les figures des pilastres, ainsi que des plafonds.

1. St. Jérôme, avec un Crucifix, d'après le Guerchin. In-8.

J. OTTAVIANI.

2. Ste. Cécile, d'après le même. Petit in-fol. en brun.
3. Angélique et Médor, d'après le même. Gr. in-fol. en t. imprimé en brun.
4. Mars et Vénus, d'après le même. Gr. in-fol. en t. en brun.
5. Trois jeunes Filles qui se baignent, surprises par un jeune homme, d'après le même. In-fol. en t.
6. Diane au bain, surprise par Actéon, d'après le même. In-fol. en t.
7. La Noce Aldobrandine, d'après la fameuse peinture antique connue sous cette dénomination. *F. Smugliewiez del.* Gr. in-fol. en t.
8. Les Loges du Vatican, par Raphael, gravées par Jo. Ottaviani 1769—1770. en 12. feuilles. In-fol.
9. *Seconda parte delle Logge di Rafaele nel Vaticano che contiene XIII. Volte ed i loro respettivi quadri* 1776. Gr. in-fol.

La troisième partie de ces Loges, contenant les Arabesques, est gravée par Volpato.

10. Quatre sujets de Mythologie, dédiés au Roi d'Espagne, les tableaux conservés à la Farnesina à Rome, savoir: 1) Jupiter et Ganymede. 2) Junon sur son char. 3) Neptune sur les eaux. 4) Pluton et Proserpine. D'après Raphael. In-4.

Les sujets suivans, de la même suite, sont gravés par Charles Ottaviani frère de Jean, et portant pour titre:

11. Achille à la Cour de Licomede.
12. Achille découvert par Ulysse. In-fol.
13. Les Patriarches, en 4. feuilles, savoir: 1) Adam. 2) Abraham. 3) Isaac. 4) Jacob. P. in-fol.

14. Les Prophetes et les Rois, en 4. feuilles, savoir:
1) Moïse. 2) David. 3) Salomon. 4) Isaïe.
In-fol.

Ces estampes appartiennent à une suite de 33. feuilles sous le titre: *Le Pitture della Capella Pontificia Quirinale, Opera di Guido Reni, disegnata da Pietro Angeletti & incise da Giovanni & Carlo, fratelli Ottaviani.*

PAUL FIDANZA, peintre et graveur à l'eauforte, né à Rome vers 1736. Cet artiste publia en 1757. et 1763. un Recueil de têtes qui sont tirées des tableaux du Vatican. Cet ouvrage est divisé en quatre parties qui forment 144. feuilles, dont dix sont d'après le Guide. Ces têtes, ayant été tirées sur de la gaze, devroient être exactes de dessin; mais outre qu'elles ne le sont pas toujours, elles sont aussi fort mal gravées. Fidanza n'a exécuté que la premiere partie, les trois autres parties de ces têtes ont été gravées par de jeunes gens. Du reste cet artiste a gravé d'après plusieurs autres maîtres italiens.

1. Un Christ descendu de la croix, soutenu par la Vierge qui est accompagnée de la Madeleine, d'après An. Carrache. In-fol.

2. St.

2. St. François à qui S. Pierre et S. Paul apparoissent, d'après le même. In-fol.

3. Le Mont Parnasse, avec Apollon, les Muses et les Poëtes, d'après Raphael. T. gr. in-fol. en t.

4. Le Miracle de la Messe de Bolsene, d'après le même, de même.

PIERRE MONACO, dessinateur et graveur, natif de Belluno vers 1738. et établi à Venise. Il a publié en 1763. une suite de 112. planches, d'après les tableaux qui se trouvent dans les principaux Cabinets de Venise et dont la plupart des sujets représentent des histoires saintes. Ces productions ne sont pas égales; il s'y trouve des morceaux d'une très-bonne exécution. Monaco étoit inspecteur des mosaïques de l'église de St. Marc.

1. Jean-Baptiste Tiepolo, par lui même. In-4.

2. Jacob Tatti, dit Sansovino, Statuaire Vénitien. *Titian. pinx. Agrighetti del.* In-fol.

3. Le jeune Tobie rendant la vue à son pere, d'après le Feti. Gr. In-fol. en t.

4. Jésus et la Femme adultere, d'après P. Veronese. Gr. in-fol.

5. La Nativité de Jésus-Christ, d'après Seb. Ricci. Gr. in-fol.

6. La Conversion de Zachée, Chef des Publicains, d'après Bern. Strozzo, dit Prête Genovese. Gr. in-fol.

IV. O

7. Le Massacre des Innocens, d'après Jules Carpioni. Gr. in-fol. en t.
8. L'Institution de l'Eucharistie, d'après Pittoni. Gr. in-fol.
9. Saint Jean Népomuscene transporté au ciel par les Anges, d'après le même. Gr. In-fol. ceintré.
10. L'Echelle mystérieuse de Jacob, d'après L. Dorigny. Gr. in fol.
11. Loth et ses Filles; d'après P. Liberi. Gr. In-fol. en t.
12. Jésus-Christ conduit au Calvaire, parlant aux Filles de Jérusalem; d'après P. P. Rubens. Gr. in-fol.
13. Jésus-Christ mené au Calvaire, d'après J. B. Tiepolo. In-fol. en t.
14. Jésus-Christ à table avec les Pélerins d'Emaüs, d'après J. Bellin. Gr. in-fol. en t.
15. David victorieux de Goliath, d'après Ant. Balestre. In-fol.
16. La Présentation de l'enfant Jésus au Temple, d'après le même. In-fol.

CAMILLE TINTI, graveur au burin, né à Rome vers 1738. Il s'est distingué parmi les artistes, qui ont travaillé à l'ouvrage publié par Gavin Hamilton. Nous ne connoissons de ce graveur que les quatre morceaux suivans:

1. Le Mariage de Ste. Catherine, d'après le Parmesan. In-fol.
2. Le Mariage de Méleagre et d'Atalante, d'après Polidore de Caravage. In-fol.

J. VOLPATO.

3. Jésus sur la montagne des Olives, d'après Lanfranc. Gr. in-fol.

Toutes pièces du Recueil d'Hamilton.

4. Zacharie écrit le nom de Jean. *Joannes est nomen ejus.* D'après And. del Sarto. Gr. in-fol. en t.

JEAN VOLPATO, dessinateur et graveur, né à Bassano vers 1738. Il pratiqua d'abord la broderie, qu'il avoit apprise de sa mere; en suite il s'appliqua à la gravure, dans laquelle il n'eut d'autre maître que son génie. Jean Volpato publia ses premieres pièces sous le nom déguisé de Jean Renard. S'étant rendu à Venise, le célèbre Bartolozzi s'intéressa pour le jeune artiste, le prit chez lui et l'instruisit dans tous les secrets de son art. Alors il grava un grand nombre de pièces d'après Piazzetta, Maiotto, Amiconi, A. Zuccarelli, M. Ricci, le vieux Brand. &c. Enfin il alla à Rome, où il eut encore plus d'occasions de donner l'essor à son génie, en travaillant pour une société d'amateurs qui conçurent le projet de faire graver de nouveau tous les ouvrages de Raphael, conservés dans le Palais du Vatican. Parmi les graveurs, qui eurent part à cette entreprise, Volpato est celui qui se distingua le plus. Non content d'avoir donné ce grand nombre de belles estampes au burin, cet artiste industrieux a encore enrichi le public de ses dessins en miniature, qui, au moyen des couleurs, donnent une idée encore plus parfaite des originaux. Associé avec du Cros, Peintre Suisse, Volpato a ajouté de nouvelles perfections au estampes peintes à l'aquarelle.

A. *Pièces gravées à Venise.*

1. Portrait du Doge Foscarini, d'après F. Bartolozzi. Gr. in-fol.
2. Portrait du Procurateur Pisani, d'après le même. In-fol.
3—6. Quatre sujets de l'ancien Testament, peints par Amiconi, dessinés par Bartolozzi et gravés par Volpato, savoir: 1) L'enfant Moïse trouvé dans le Nil. 2) Laban qui cherche ses Dieux 3) Le Serviteur d'Abraham auprès de Rébecca. 4) Moïse qui érige un autel. Gr. in-fol.
7—14. Huit sujets de conversation d'après Maiotto, savoir: 1) Partie de Fumeurs. 2) Jeunes gens qui jouent avec des pommes. 3) Mangeurs d'oignons. 4) L'Avare qui compte son argent. 5) Les Preneurs de café. 6) des Joueurs aux prises. 7) Jeune homme qui apprend à dessiner. 8) Jeune fille séduite par une bourse. In-fol. en t.
15. Les Orgies, ou fête de Bacchus, paysage héroïque, d'après Zuccarelli, chez Wagner. Gr. in-fol. en t.
16. Un Philosophe prosterné devant un autel entouré

de ruines, montre d'une main un triangle d'autel et de l'autre un sable, d'après le même. Gr. in-fol. en t.

17. Paysage d'Italie orné de figures qui pêchent à la ligne, d'après le même. Gr. In-fol. en t.

18. Paysage d'Italie, orné de figures champêtres, d'après le même. Gr. in-fol.

19. Grand Paysage, d'après le vieux Brand. Gr. in-fol. en t.

20. Autre Paysage semblable, d'après le même.

B. *Pièces gravées à Rome.*

1—4. Les quatre Sibylles de l'Eglise de Ste. Marie de la Paix, d'après Raphaël. Gr. in-fol. en t.

5. Les Noces d'Aléxandre et de Roxane, d'après le même. In-fol. en t.

6. La Modestie et la Vanité, d'après L. da Vinci. In-fol. en carré.

7. Persée délivrant Andromede, d'après Polidore de Caravage. In-fol. en t.

8. Le Sauveur en prieres sur la montagne des Olives, d'après le Correge. Gr. in-fol. en t.

9. La Madeleine aux pieds de Jésus, assis à table chez Simon le Pharisien, d'après P. Véronese. Gr. in-fol.

10. Les Noces de Cana, d'après le Tintoret. Gr. in-fol. en t.

11. *Lusores.* Les Joueurs, d'après M. A. de Caravage. In-fol. en t.

Toutes ces pièces font partie du Recueil d'Hamilton.

C. *Les peintures de Raphael du Vatican,* gravées au burin, très-grandes pièces ceintrées en t.

J. VOLPATO.

1. L'Ecole d'Athènes, ou la Philosophie.
2. La Dispute sur le St. Sacrament, ou la Théologie.
3. Héliodore chassé du Temple de Jérusalem.
4. Attila arrêté à la vue de St. Pierre et de St. Paul.
5. Saint Pierre délivré de prison.
6. Le Mont Parnasse.
7. L'Incendie du Bourg de Rome.
8. Le Miracle de la Messe de Bolsene, par Raphael Morghen, son élève et son gendre.

Toutes ces pièces, ainsi que la plupart des suivantes, forment une suite précieuse d'estampes exécutées dans le goût du dessin en miniature, imitant les originaux pour la couleur. C'est-là sans contredit ce que la gravure moderne, combinée avec la peinture, a produit de plus grand et de plus intéressant. Ces morceaux, sous glace, font le plus bel effet et offrent la plus noble décoration d'un appartement. Le prix peut effrayer les amateurs peu aisés: Il est à Rome de 35 sequins ou ducats la pièce.

D. *Les peintures diverses d'après les grands maîtres d'Italie, toutes pièces de grand format.*

1. Descente de Croix, de la Galerie du Palais Borghese, d'après Raphael.

2. La Sainte Vierge, nommée la Seggiola de Florence, d'après le même.
3. La Sainte Vierge, d'après Fr. Barthélemi de S. Marc.
4. Le Mariage de la Sainte Vierge, du Guerchin.
5. La Piété, ou la Vierge de pitié, du Guerchin.
6. L'Aurore du Guerchin, de la Villa Ludovisi.
7—8. Le Jour et la Nuit, du même, en deux morceaux qui font suite avec Aurore.
9. Jésus en Croix, du Guide, dans l'Eglise de St. Laurent in Lucina.
10. La Vénus de Paul Véronese, de la Galerie du Palais Colonna.
11—12. Deux pièces, avec des Enfans; par Mola.
13—14. Deux sujets, tirés du premier Navigateur de Gessner, d'après Felix Gianni.
15—16. Deux sujets tirés des Idylles de Gessner, Daphné et l'Amour, l'Amour et Phillis; d'après le même.
17. Un Paysage de Claude Lorrain, dans la Galerie du Palais Colonna.
18. Le pendant de ce beau Paysage du Lorrain.

E. *Pièces d'après Hamilton.*

1. La Mort de Lucrèce.
2. L'Innocence.
3. Junon.
4. Hébé.
5. La Mélancolie.
6. La Gaieté.

F. *Les peintures de Michel-Ange, de la Chapelle Sixtine au Vatican.*

1—4. Deux Prophètes et deux Sibylles.

G. *Principes de dessin, d'après les statues antiques, avec leurs justes dimensions, ouvrage intéressant pour tous ceux qui s'appliquent aux arts d'imitation;* 36. planches in-fol. au prix de 2 sequins la pièce.

H. *Dessins en miniature de la Galerie du Palais Farnese par le Carrache, composés de trois grandes pièces et de trois petites, avec les couleurs naturelles, les stucs et les moulures en or, le tout de l'exécution la plus précieuse,* au prix de 36. sequins ou ducats à Rome.

I. *Vues de Rome avec plusieurs de ses monumens,* enluminées à l'aquarelle et exécutées en société avec P. Du Cros.

K. *Les Vues du Portique de la Villa Madama, prises sous différens points de vue.* On y voit la belle Architecture de Jules-Romain, avec les ornemens et les stucs de l'école de Raphael, en 4. grandes feuilles, au prix de 4 sequins la pièce.

L. *Museum Clementinum,* en quatorze grandes feuilles.

a.) *Pièces en largeur.*

1. La Cour avec la vue de l'Apollon.
2. La même Cour, avec la vue du Laocoon.

J. VOLPATO.

3. La Salle avec les Muses et Apollon Cithéréen.
4. La Chambre des Animaux avec le Nil.
5. La même Chambre avec le Tibre.
6. La Galerie du côté de Jupiter.
7. La même Galerie avec la Cléopâtre.
8. La même Galerie avec Jupiter.
9. La Rotonde avec Junon.
10. Le Cabinet avec le Faune.

b.) *Pièces en hauteur.*

11. La Galerie des Chandeliers.
12. La Porte du Museum, avec les Idoles egyptiennes.
13. Le premier Plan de l'Escalier.
14. Le second Plan de l'Escalier.

M. *Vues de Rome enluminées à l'acquarelle, sur de grandes feuilles, papier de Hollande.*

1. Vue de l'Extérieur de St. Pierre.
2. Vue du Panthéon, ou de la Rotonde.
3. Vue de l'Intérieur de ce Temple.
4. Vue du Temple de la Concorde.
5. Vue du Temple d'Antonin et de Faustine.
6. Vue du Temple de la Paix.
7. Vue de l'Amphithéâtre Flavien, ou du Colisée.
8. Vue du Temple de Minerve Médica.
9. Vue du Lac de la Villa Borghese.
10. Vue du Tombeau de C. Curtius.
11. Vue générale du Forum Romanum.
12. Vue de l'Arc de Septime-Sévere.
13. Vue du Capitol.
14. Vue des Thermes de Caracale.
15. Vue de l'Intérieur du Colisée.

16. Vue du Temple de Jupiter Stator.
17. Vue du Port de Civita-Vecchia.
18. Vue de la Villa Négroni.
19. Vue de la Villa Médicis.
20. Vue de la Villa Pamfili.
21. Vue du Jardin Colonna.

N. *Vues de Tivoli.*

1. Vue des Cascatelles.
2. Vue de la Grotte de Neptune.
3. Vue de la Grotte de la Sirene.
4. Vue du Temple de la Sibylle.
5. Vue de l'Intérieur de ce Temple.
6. Vue du Pont de l'Accori.
7. Vue du Palais de Mécène.
8. Vue l'Intérieur de ce Palais.

O. *Vues moyennes enluminées à l'acquarelle, en demi-feuille, papier de Hollande.*

1. Vue du Temple de la Sibylle à Tivoli.
2. Vue du Temple de Jupiter tonant.
3. Vue du Tombeau des Horaces et des Curiaces à Albano.
4. Vue du Tombeau de Cecilia Metella.
5. Vu du Tombeau de la famille de Plautius.
6. Vue du Tombeau de Néron.
7. Vue d'un ancien Tombeau, aujourd'hui la Tour des Esclaves.
8. Vue de Souterrain du même Tombeau.
9. Vue du premier Temple de Pestum.
10. Vue de l'Intérieur du même Temple.
11. Vue du second Temple de Pestum.
12. Vue de l'Intérieur du même Temple.

13. Vue du troisieme Temple, ou du Gymnasium.
14. Vue de l'Intérieur du Gymnasium.

Telles sont les principales estampes de cet excellent artiste dans les diverses genres de gravures pratiqués dans ces derniers tems à Rome. On peut s'en former une idée encore plus précise par le Catalogue raisonné de feu M. Rost qui le publia peu de tems avant sa mort sous le titre: *Magazin der Rostischen Kunsthandlung*. La principale partie de ce Catalogue, en trois divisions, est celle qui concerne les estampes et des ouvrages ornés de gravures. D'après cet exposé on peut connoître les graveurs modernes de Rome, parmi lesquels Volpato et Morghen, son éleve, tiennent le premier rang.

PIERRE-ANTOINE MARTINI, dessinateur, graveur à la pointe et au burin, ainsi que dans les manières angloises, né à Parme en 1739. Il vint jeune à Paris, et grava avec beaucoup d'approbation différens sujets d'après des maîtres françois et flamands. On admire surtout ses jolies eaux fortes d'après Teniers et d'autres, que le Bas termina au burin. Martini fit aussi quelque séjour à Londres, où il grava quelques morceaux dans la manière angloise, entr'autres une Exposition du Salon de cette capitale d'après un dessin de Ramberg, élève de Reynolds.

J'ai parlé dans mon Avertissement de son projet, de donner en Italien un ouvrage sur la Gravure et les Graveurs, dans lequel il traite de toutes les écoles de l'Europe. On ne peut attendre qu'un livre intéressant d'un homme qui entend aussi bien que lui la Théorie et la Pratique de son art.

Martini avoit gravé, pendant son séjour à Paris, un bon nombre d'estampes, dont les plus marquées sont les suivantes :

1. Héliodore chassé du temple de Jérusalem par des Anges, grande composition de Solimene, morceau inseré dans le Voyage pittoresque d'Italie, de l'Abbé de St. Non.
2. Le Sauveur chassant les Vendeurs du Temple, grande composition de Solimene. Ibid.
3. Lucius Albinus, descendant de son char pour y placer les Vestales, morceau de sculpture, d'après Pajou. Gr. in-fol. en t.
4. Les Romains surprenant les Véïens dans leur temple, d'après le même. Pendant.
5. Un grand Morceau d'Architecture ruinée, d'après Robert. Gr. in-fol. en t.
6. Les Plaisirs de l'été, d'après Jos. Vernet. Gr. in-fol.
7. Vue de Spolette, d'après le même. In-fol. en t.

J. VITALBA.

8. Vue de Porto Ercole, d'après le même. Pendant.
9. Vue de la Ville d'Avignon, d'après Jos. Vernet. P. A. Martini Parmensis, 1782. Gr. in-fol.
10. Les Augures qui se rencontrent, paysage montagneux, peint par Salv. Rosa, gravé à l'eau-forte par Martini et terminé au burin par le Bas, 1771. Petit in-fol. en t.

Le dernier morceau, qu'il a gravé, est :

11. Le Retour d'Ulysse, avec la défaite des amans de Pénélope, d'après le tableau de Monsiau. Très-grande pièce en t.

Le sujet est traité dans le haut style, et l'exécution de l'estampe est des plus heureuses.

12. L'Exposition du Salon de Londres a paru sous ce titre : *The Exhibition of the Royal Academy*. 1787. H. Ramberg del. P. A. Martini Parm. fecit Londoni. Gr. in-fol. en t. En brun, d'une exécution très-spirituelle.
13. Les Pastorales d'Arcadie, faites à l'occasion des noces du Prince de Parme en 1769.

Martini avoit gravé à Paris, pour divers ouvrages, nombre de Vignettes, dont plusieurs de sa composition.

Jean Vitalba, graveur à la pointe et au burin, né en Italie vers 1740. On le croit élève de Jos. Wagner; du moins il a gravé dans sa manière. Il vint à Londres vers 1765. et grava plusieurs sujets pour Boydell, entr'autres :

1. 2. Deux morceaux d'après Phil. Lauri, portant pour titre : le Printems et l'Eté. In-fol. gravés en 1766. In-fol.

3. La Tête de St. Jean présentée à Herodiade, d'après Laurent Pasinelli, pièce gravée en 1767. In-fol. en t.
4. Des Satyres qui fouettent Cupidon, d'après Aug. Carrache. In-fol. en t.

Plusieurs morceaux d'après les dessins du Guerchin, à la suite de ceux de Bartolozzi.

GAJETAN VASCELLINI, ou VACCELLINI, dessinateur et graveur au burin, né à Castello St. Giovanni, territoire de Bologne, vers 1740. Il apprit le dessin chez Hercule Graziani, et la gravure chez Carle Faucci à Florence. Dans cette ville il grava à l'eauforte, pour le fond de F. Allégrini, plusieurs portraits des célèbres Florentins. De retour à Bologne en 1768. il donna de belles preuves de ses talens.

1. *Andrea di Angelo Vannucchi, detto del Sarto, Pittor Fiorentino.* De la Gal. de Florence. In-fol.
2. *Daniello di Antonio Ricciarelli da Volterra, detto il Volterrano, Pittore e Scultore.* Giuſ. Sorbolini del. In-fol.
3. *Giov. Batiſta di Franco Doni, Patrizio Fiorent. Profeſſore di Lettere grecche.* — G. Traballeſi del. De même.
4. *Pietro di Jer. Jacopo Angeli di Barga, celebre Poeta latino e Profeſſore nell' Univerſita di Piſa.* Id. del. De même.
5. St. Joseph et St. François de Paule, d'après Conca. In-4.

6. Figure nue d'une Nymphe, vue par le dos, se reposant sur un socle. In-4. en t.
7. La Madeleine pénitente, assise sur un quartier de rocher, d'après Fr. Furino. In-fol.
8. La Vénus du Titien. *Gaetano Vascellini incid.* In-fol. en t.
9. La Danaé du Titien. *Id. incid.* In-fol. en t.
10. L'Enfant Moïse présenté à la Fille de Pharaon. *Jac. Vigniali pinx. Gaet. Vascellini sc.* In-fol.

ANTOINE CAPELLAN, dessinateur et graveur au burin, né à Venise vers 1740. Un des bons disciples de Wagner. Capellan a beaucoup travaillé à Venise, et puis à Rome où il a fait un long séjour. Il a gravé à l'eau-forte la plupart des portraits pour la nouvelle édition de Vasari, que le Prélat Bottari publia à Rome en 1760. Il a gravé aussi au burin plusieurs estampes pour la *Schola Italicæ Picturæ*, exécutées sous la direction de Gavin Hamilton.

1. Portrait de Michel-Ange Bonaroti, d'une belle exécution. In-fol.
2. L'Ecole de dessin, d'après Dom. Maiotto. In-4. en t.
3. Diane et Endymion, d'après Dom. Maiotto. *Ant. Capellan sc. Jos. Wagner recognovit.* In-4. en t.
4. Apollon et Daphné, par les mêmes. In-4. en t.
5. Création d'Eve, de la Chapelle Sixtine de Michel-Ange. In-fol. en t. Hamilton.

6. Adam et Eve, après avoir mangé le fruit défendu, sont chassés du paradis. Ibid. id. p. In-fol. en t. Hamilton.
7. Le Mariage de Ste. Catherine, d'après de Corrège. In-fol. Hamilton.
8. Repos dans le retour d'Egypte, où la Vierge puise de l'eau dans une écuelle et où St. Joseph présente des cérises à l'enfant Jésus, d'après le Baroche, gravé à Rome 1772. In-fol. Hamilton.
9. Combat de deux Centaures, contre deux Tigres et un Lion, d'après une mosaïque antique trouvée à la Villa Adriana. Gr. in-fol. en t.
10. Vue du Portique de la Villa Albani, d'après Fr. Panini. Tr. gr. in-fol. en t.

Le pendant de cette pièce est gravé par J. Volpato.

ANTOINE ZABALLI, ou ZABELLI, graveur à la pointe et au burin, né à Florence vers 1740. et florissant à Naples en 1780. Il a gravé plusieurs portraits pour le Recueil d'Allegrini à Florence, ainsi que quelques estampes d'après les plus beaux tableaux qui se trouvent à Naples.

1. Petrus Hieronimus Guglielmi. Ant. Zabaglio fec. 1763. In-fol.
2. Piero Vettori, Letterato insigne, Senatore, Ambasciat. in Roma a Papa Giulio III. Panzi del. 1763. In-fol.
3. Julianus, Petr. Medicis & Lucretiæ Tornabuon filius. Jos. Zocchi del. In-fol.
4. Hippolytus, Juliani Medicis, Ducis Nem. filius. Id. del. In-fol.

5. Joan.

5. Joan. Soanen, *Episcopus Sanit. Ant. Zabaglio sc.* In-Fol.
6. Marie-Madeleine, d'après un tableau du Guerchin, de la Galerie du Prince Cariati à Naples. Gr. in-fol.
7. La Fuite en Egypte, d'après un beau tableau du Guide. Ibid. Gr. in-fol.
8. La Rencontre de Jésus et de Jean, fameux tableau du Guide, conservé à la sacristie des Pères Gerolimini à Naples. Gr. in-fol.
9. Les trois Maries au sépulcre du Christ parlant à l'Ange, d'après le tableau du Carrache, de la Galerie du Duc della Torre à Naples. Gr. in-fol.

Le même tableau avoit été déjà gravé supérieurement par Roullet.

PORPORATI, graveur au burin, né à Turin en 1740. Il vint à Paris pour se perfectionner dans son art. S'étant mis sous la conduite de Beauvarlet, il fit en peu de tems de grands progrès. Ses talens le firent recevoir Membre à l'Académie de Peinture à Paris; et il grava pour pièce de réception en 1773. Susanne au bain, tableau de Santerre que ce peintre fit pour sa réception à l'Académie en 1704. Nous remarquerons à ce sujet, que M. de Heinecke se trompe, lorsqu'il attribue cette estampe à Carmona. Porporati, après avoir publié plusieurs beaux morceaux à Paris, est retourné à Turin et jouit d'une pension du Roi. La

IV. P

beauté de son burin rend ses ouvrages très-précieux et les fait rechercher des curieux.

1. Susanne au bain, d'après Santerre. Gr. in-fol. Belle gravure.
2. Agar renvoyée, d'après le petit van Dyck. Gr. in-fol.
3. Le Devoir naturel des Meres, d'après C. Cignani. In-fol.
4. Tancrede combattant Clorinde, d'après C. Vanloo. Gr. in fol.
5. Herminie demandant un azyle à un Berger, d'après le même. Pendant.
6. Le Coucher, représenté par une femme nue, vue par le dos, et prête à se mettre au lit, d'après Vanloo, le Père. Gr. in-fol.
7. La Prêtresse compatissante, d'après Gibelin. In-fol.
8. L'Amour qui médite, avec l'inscription : *Garde à vous!* Peint par Angelica Kauffman, gravé par Porporati. 1790. Gr. in-fol.
9. La Mort d'Abel, d'après le Chevalier van der Werff. Gr. in-fol.
10. Pâris et Oenone, d'après le même. Gr. in-fol. Très-belle manière noire.
11. Vénus caressant l'Amour, d'après Pompée Battoni. Gr. in-fol.
12. Le Bain de Léda, gravé d'après le Correge, estampe qui fait pendant avec la précédente.

EMANUEL SALVADOR CARMONA, dessinateur et graveur au burin, né à Madrid vers 1740. Il vint jeune à Paris et se mit sous la direction

E. S. CARMONA.

de Charles Dupuis. Il y fit en peu de tems
de si grands progrès qu'il fut reçu Membre à
l'Académie Royale de Peinture en 1761. Après
avoir travaillé encore quelque tems à Paris,
il est retourné dans sa patrie, où il a donné
de nouvelles preuves de ses talens.

1. Portrait de François Boucher, d'après Roslin, pièce de réception de Carmona à l'Académie en 1761. Gr. in-fol.
2. Portrait de Colin de Vermont, d'après le même; autre pièce de réception 1761. Gr. in-fol.
3. Portrait du Maréchal de Broglio. In-fol.
4. L'Histoire écrivant les Fastes de Charles III. Roi d'Espagne; les Vertus entourent et contemplent le Médaillon de ce Prince. Sujet allégorique, d'après Solimene. Tr. gr. in-fol.
5. Frère Joseph de la Purification, Carme deschaux, d'après Diego Velasquez. P. in-fol.
6. La Vierge et l'enfant Jésus, en demi-figures, d'après Barth. Stef. Murillo. P. in-fol.
7. La Vierge et l'enfant Jésus, d'après van Dyck. In-fol. Sujet autrement traité que celui qu'a gravé P. Pontius.
8. L'Adoration des Bergers, d'après Pierre. Gr. in-fol. en t.
9. La Résurrection du Sauveur, d'après Carle Vanloo. Gr. in-fol.
10. La Madeleine renonçant aux vanités, d'après le Brun, bonne copie d'Edelinck. Gr. in-fol.
11. Apparition des Anges à Marie-Madeleine. *Il Guercino pinx. M. Salvator Carmona Sc.* 1754. In-fol.

12. Le Portrait de Michel Cervantes, et plusieurs planches pour la belle édition du Don Quichote espagnol, imprimé à Madrid.

13. St. Jean-Baptiste dans l'adolescence reposant dans le désert, d'après Ant. Raph. Mengs, gravé en 1784. Gr. in-fol. en t. L'original dans la Chambre à coucher du Roi à Madrid.

14. Ste. Marie-Madeleine, retirée dans le désert, d'après le même. Pendant de la pièce précédente. Ibid.

Pascal Pierre Moles, dessinateur, graveur à la pointe et au burin, né à Madrid en 1740. Il apprit le dessin et la peinture chez Joseph Bergara. Pendant quelque tems il s'occupoit à graver à l'eau-forte sans instruction. Dans un voyage, qu'il fit à Barcellone, quelques marchands de cette ville, amateurs des arts, lui fournirent les moyens de se rendre à Paris et d'apprendre à fond la gravure sous la conduite de Nicolas Dupuis. Cet artiste a plusieurs rapports avec son condisciple Carmona. Comme celui-ci, il fit sous ce maître de si grand progrès, qu'il fut reçu membre à l'Académie royale. Depuis il est retourné dans sa patrie en 1776. où il a gravé différens sujets.

1. La Vierge et l'enfant Jésus, d'après van Dyck. In-fol.

A. SCACCIATI.

2. *La Pesca del Crocodile*, ou la Pêche au Crocodile, d'après François Boucher, gravé en 1774. Tr. gr. in-fol.
3. St. Jean-Baptiste dans le désert, du Cabinet de l'Abbé Reynoird, d'après le Guide. Gr. in-fol.
4. La Priere à l'Amour, d'après J. B. Greuze. Gr. in-fol.
5. Estampe allégorique sur la Naissance du fils du Prince des Asturies, d'après Hallé. Gr. in-fol.

ANDRÉ SCACCIATI, dessinateur et graveur dans le goût du lavis, né à Florence vers 1740. Il avoit appris ce genre de gravure d'Adam Schweykhard, Artiste Allemand, qui fit un séjour de 18. ans à Florence. Ce fut en 1766. que Scacciata publia un Recueil de 41. planches y compris les titres, d'après les meilleurs dessins conservés au Cabinet de Florence. Il ne faut pas confondre cet artiste avec un Peintre Florentin du même nom, et qui mourut à Florence au commencement de ce siècle.

1. La Vierge assise, figure entière, ayant l'enfant Jésus sur ses genoux, et accompagnée du petit St. Jean et de St. Joseph, d'après le Cangiage. In-fol.
2. La Descente du St. Esprit sur les Apôtres, d'après A. Dom. Gabbiani; sans le nom du graveur.
3. Plafond, avec six Génies qui soutiennent une Couronne. *Id. del. And. Scacciati incid.* In-fol.

S. MULINARI.

4. Jésus chassant les Vendeurs du temple. *Id. del.* In fol. en t.

STEFAN MULINARI, ou MOLINARI, dessinateur et graveur au lavis, né à Florence vers 1741. Il apprit le dessin et la gravure dans le goût du lavis d'André Scacciati, qui, comme nous avons dit ci-devant, publia un Recueil de 41. planches, d'après les meilleurs dessins conservés au Cabinet de Florence, et qui se fit aider dans ce travail par son élève. Le Grand-Duc de Toscane, après la mort de Scacciati, conféra à Mulinari la place de graveur de son Cabinet. Celui-ci publia plusieurs suites d'estampes gravées dans le goût du dessin, dont les originaux se trouvent dans le riche Cabinet de Florence.

1. Les Dieux de l'Olympe. *Volterrano del.* au bistre. Ovale. Gr. in-4. en t.
2. Le Génie de l'Architecture, présentant un plan à Aléxandre. *Santi di Tito del.* Gr. in-4.

Le Recueil le plus intéressant de Mulinari dans ce genre, est une suite de 50. estampes d'après autant de dessins d'anciens maîtres, exécutés dans la manière des originaux, depuis Cimabué jusqu'à Franco Rustico, disciple de Verrocchio, portant pour titre: *Istoria pratica dell Incominciamento e Progressi della Pittura &c. Firenze* 1778.

PIERRE PEIROLERI, graveur à l'eau-forte et au burin, né à Turin vers 1740. On n'a point d'autre notice de cet artiste, sinon qu'il a toujours travaillé dans sa patrie.

1. Vieillard avec un manteau fourré, assis dans un fauteuil, d'après Rembrandt. *P. Peiroleri sc.* 1756. In fol.
2. Mère qui enseigne à lire à sa fille, peut-être Ste. Anne et la Vierge, d'après le même. *Id. sc.* 1756. In-fol.
3. Bacchus assis sur un tonneau, le pied posé sur un tigre, tandis qu'un Bacchante lui verse à boire. Sur le devant un Enfant qui pisse, d'après Rubens. *P. Peiroleri incid.* 1758. In-fol.
4. La Charité, en demi-figure, avec trois Enfans, d'après J. Amiconi. In-fol. en t.
5. Garçon et Fille de Paysans, d'après Guil. Mieris. P. in-fol.
6. Buste d'un Homme qui dessine. *Nogari pinx.* In-fol.
7. Buste d'une Femme qui dit son chapelet. *Id. pinx.* Pendant.
8. Une Vierge de douleur. *Eques Beaumont pinx.* In-fol.

VINCENT VANGELISTI, graveur au burin et au lavis, né à Florence vers 1744. Nous avons dit qu'il étoit venu à Paris avec Ferdinand Gregori, et qu'ils se sont mis tous deux sous la direction de Jean George Wille pour se perfectionner dans la gravure, Vincent a gravé différens sujets à la manière du lavis et du crayon d'après Gabbiani & d'autres maîtres. Nous avons de lui le portrait du Maréchal de Botta qui lui fait honneur. Il est retourné pour quelque tems dans sa patrie; ensuite il est revenu à Paris, où il paroît s'être fixé. Il a gravé d'un beau burin des portraits et des sujets historiques.

1. Pierre-Aléxandre Wille, le fils, dessiné par lui même. In-8.
2. Amand de Bourbon, Prince de Conty. In-8.
3. George-Louis le Clerc, Comte de Buffon, d'après A. Pujos, 1776. gravé en 1777. In-fol.
4. Charles Gravier, Comte de Vergennes, d'après Gallet, 1784. Gr. in-fol.
5. Charles-Louis Vicomte de Couëdic de Kerouäler, Capitaine de Vaisseau, mort des blessures qu'il reçut au combat de la fregate la Surveillante contre la frégate le Quebéc le 5. août 1779. *Vangélisty fec.* In-fol.
6. La Vierge qui donne le sein à l'Enfant. *Le premier devoir des meres.* D'après Raphael. p. In-fol.
7. L'Amour châtié. Dédié à l'Impératice de Russie. D'après Aug. Carrache. P. In fol.
8. Pyrame et Thisbé, expirés anprès d'un tombeau, d'après le Guide. Gr. in-fol. en t.
9. La Balance de Fréderic, estampe allégorique, qui a pour objet l'histoire du Meunier Arnold, avec le Roi de Prusse vers 1781. Gr. in-fol. en t.

CHARLES DOMINIQUE MELINI, graveur au burin, né à Turin vers 1745. Il étoit venu pour se perfectionner dans son art à Paris, où il s'est établi. Il paroît s'être formé d'après Beauvarlet: son goût de gravure a beaucoup de propreté et d'éclat.

1. Le Portrait du Roi de Sardaigne. In-fol.
2. La belle Source, d'après Nattier. In-fol.
3. L'Education de l'Amour, d'après Lagrenée.
4. Les Enfans du Prince de Turenne, d'après Drouais. Gr. in-fol. en t.

Pièce qui fait pendant avec les Enfans du Comte de Béthune, gravée par Beauvarlet, d'après le même maître.

5. Le Matin, beau paysage d'après Loutherbourg. Tr. gr. pièce en t.

On avoit annoncé les trois autres Parties du jour; j'ignore si elles ont paru.

C. PALMERIUS ou PALMIERI, dessinateur, graveur à l'eau-forte et au lavis, né à Parme vers 1750. Il a appris les élémens de son art dans sa ville natale et à fait un séjour de plusieurs années à Paris, ou il publia plusieurs sujets champêtres de sa composition à l'eau-forte et au lavis. De retour dans sa patrie, il a mis au jour différentes pièces. A Londres

J. B. Cecchi.

Th. Chambars a gravé d'après Palmièri: la Mort de Turenne, grande Composition. On connoît de lui:

1. Le Repos du Berger. *Palmerius fecit.* Pièce dans le goût du bistre. Gr. in-fol.
2. La Vieille laborieuse. *Id. fecit.* Pièce exécutée dans le même goût. Gr. in-fol.

Jean-Baptiste Cecchi, graveur à la pointe et au burin, né à Florence vers 1748. et marchand d'estampes dans la même ville. Il a eu part à plusieurs ouvrages artistiques qui ont paru dans sa ville natale, entr'autres à une grande suite de Portraits d'Artistes sous le titre: *Serie degl' huomini illustri*, en 12. Vol. in-4. Les Portraits suivans sont inserés dans la Vie du Marquis de Pombal:

1. Portrait du Marquis de Pombal.
2. Portrait du Duc d'Aveiro.
3. Portraits du Duc et de la Duchesse de Tavora.
4. Portrait du Comte d'Arouquia.
5. La Vocation de St. André, d'après L. Cardi. Gr. in-fol.
6. Le Martyre de St. Laurent, d'après le tableau d'autel de P. de Cortone, qui est à l'Eglise de St. Laurent in Miranda à Rome, gravé en 1776. Gr. in-fol.
7. Le Martyre d'un Saint, enseveli tout vivant, d'après le tableau de Fréd. Baroche qui est à l'Eglise des Religieux de St. Vitalis à Ravenne. Gr. in-fol.

8. Lapidation de St. Etienne, d'après un tableau de F. Baroche, gravé en 1776. Gr. in-fol.
9. Jésus-Christ aux limbes, d'après un tableau d'autel d'Angelo Bronzini. Gr. in-fol.
10. La Conjuration de Catilina, d'après Salv. Rosa. Gr. in-fol.
11. Le Christ porté au sépulcre, d'après Dan. de Volterre. Gr. in-fol.

BENEDETTO EREDI, graveur au burin et Marchand d'estampes, né à Florence vers 1750. et établi en cette ville. Il a gravé, conjointement avec J. B. Cecchi, dont il a été question dans l'article précédent, neuf feuilles, portant pour titre: *Lo Stato antico del Sepolcro di Dante, che esiste nella Città di Ravenna e di più lo stato attuale, col quale e stato dai fondamenti magnificamenti eretto dalla generosità di S. Em. il Cardinal Valenti Gonzaga, Legato di detta Città, col disegno et carta del celebre Architetto Sig Camillo Morigia.* — Cette suite renferme aussi bien l'architecture du monument que le Portrait du Dante, ainsi qu'un Frontispice et des Inscriptions. En outre Eredi a gravé d'après différens maîtres italiens:

1. Luca Cambiasi, dit le Cangiage, Peintre génois, peint par lui même. In-4.

2. Federico Zuccaro, Peintre de l'École Romaine, peint par lui même. In-4.
3. Angelo Bronzini, Peintre Florentin. In-4.
4. Annibal Carrache, Peintre Bolonois. In-4.
5. La Femme adultere, d'après un tableau d'autel d'Angelo Bronzini. Gr. in-fol.
6. L'Histoire de Lucrece, d'après Luc Jordane. Gr. in-fol.
7. La Transfiguration de Jésus-Christ d'après Raphaël. Gr. in-fol.

Joseph Perini, graveur au burin, né à Rome vers 1748. Cet artiste moderne a gravé avec succès quelques sujets pour le Recueil de Gavin Hamilton, ainsi que plusieurs Statues pour la Galerie Clémentine.

1. Le Frontispice pour la *Schola Italica* de Gavin Hamilton, orné de deux figures de Michel-Ange. Gr. in-fol.
2. Jupiter et Antiope, d'après Jacques Palme. In-fol. Ibid.
3. La Charité, figurée par une femme qui donne à manger à trois enfans, d'après Barth. Schidone. In-fol. Ibid.
4. Le Portement de Croix, grande composition, d'après Lanfranc. Gr. in-fol.

Angello Campanella, peintre et graveur au burin, né à Rome vers 1748. On ne connoît point les circonstances de sa vie; on sait seulement qu'il a gravé les douze Statues des

Apôtres qui sont à l'Eglise de St. Jean de Latran à Rome. Basan cite encore de lui une estampe, gravée d'après une Statue de Poncel, représentant Artemise, appuyée sur une Urne funeraire.

Campanella, contemporain de Perini, fut du nombre des graveurs, que Gavin Hamilton fit travailler à son Recueil, *Schola Italica*. Le morceau suivant en fait partie:

La Présentation de l'enfant Jésus au Temple, par sa mere. *Fra Bartolomeo de San Marco pinx. Angello Campanello sculps.* In-fol.

B. Pastorini, graveur à la pointe et au burin, surtout à la manière angloise pointillée, né en Italie vers 1748. et florissant à Londres en 1770. Ayant passé en Angleterre, il s'attacha à Bartolozzi et adopta sa manière de graver.

1. Grande Vue de Londres, d'après son dessin, gravée en 1770. Gr. in-fol.
2. *L'Allegra*. *Angel. Kauffman pinx. B. Pastorini fec. Bartolozzi direx.* en points rouges. Ovale in-fol.
3. *La Penserosa*. Par les mêmes, et en tout de même.

Ces deux pièces avoient été gravées par Angélique et exécutées ensuite par Boydell au bistre.

4. Couple de Politiques, estampe satyrique. *J. F. Rigaud pinx.* In-4. en t. en brun.
5. *Guntherus et Griselda. J. F. Rigaud pinx. B. Pastorini fec.* 1784. en médaillon. In-fol.
6. Griselda retournant chez son pere. *Id. pinx. Id. fec.* 1784. Pendant.

PIERRE BETTELINI, graveur au burin et à la manière pointillée, né près de Lugano vers 1748. a passé quelques années à Milan et à Bologne chez Gandolfi. De-là il s'est rendu à Londres, où il s'est mis sous la direction de Bartolozzi, chez qui il apprit la gravure angloise aux points.

1. Elisabeth Reine d'Angleterre, femme d'Edouard IV. *J. P. Rigaud pinx. P. Bettelini fec.* en points rouges-bruns et en médaillon. Gr. in-fol.
2. *Pittoresques Amusements. Angel. Kauffman del. Id. fec.* Gr. in-fol. en t.
3. *Practical Exersise. Id. pinx. Id. fec.* Gr. in-fol. en t.
4. *Date Obolum Belisario.* Belisaire et quatre autres figures, pièce dédiée au Roi de Prusse, Frédéric-Guillaume, peinte par Frédéric Rehberg, à Rome 1790. gravée par Pietro Bettelini. Gr. in-fol.

Il a gravé encore d'après Rigaud deux pièces coloriées tirées d'*Adele et Théodore*.

LOUIS SCHIAVONETTI, graveur dans la manière pointillée des Anglois, né en Italie vers 1750. et florissant à Londres en 1780. Ce qu'il a gravé de plus considérable, ce sont quatre sujets historiques, représentant les scenes les plus intéressantes des derniers événemens de Louis XVI. depuis sa captivité dans le Temple, d'après les dessins de Benazech, artiste qui a fait un long séjour à Paris. Le format des planches est en Gr. in-fol. en t. exécutées dans la manière pointillée.

1. La Séparation du Roi et de sa Famille dans le Temple, à la suite d'un décret de la Municipalité de Paris, le 7. Septembre 1792.
2. La Défense du Roi à la barre de l'Assemblée nationale, secondée par ses trois Avocats, De Seze, Malesherbes et Tronchet, le 26. Decembre 1792.
3. Le dernier Entretien du Roi avec sa famille, plongée dans l'excès de la douleur, le 20. Janvier 1793.
4. Le Courage calme et héroïque de cet infortuné Monarque en quittant un moment avant sa mort Edgeworth, son confesseur, le 21. Janvier 1793.
5. Albert Rubens, fils aîné de Rubens, tête d'enfant, d'après Rubens, exécutée en manière de crayon noir. In-fol.
6. *Miſtriss Damer. R. Coſway pinx. L. Schiavonnetti fec.* 1791. In-4.
7. La Reine Elisabeth recevant la nouvelle de la mort de sa sœur la Reine Marie. *R. Westall pinx. Id. fec.* 1792. Gr. in-fol. en t. faisant pendant avec la Pucelle d'Orléans, d'après le même, gravée par Bartolozzi.
8. La Reine de Prusse et sa sœur, figures en pied. F. Tischbein pinx. L. Schiavonetti sc. Gr. in-fol.

9. Frederic Duc de York et le Prince Albani Evêque d'Osnabruck. *J. Boyle pinx. Id. fec.* 1793. Gr. in-fol.

Le morceau suivant est signé *N. Schiavonetti jun*; nous ignorons d'ailleurs le degré de parenté avec le précédent.

10. Mort de Jean-Paul Marat, poignardé le 13. Juillet 1792. par Marie-Anne-Charlotte Corday. *D. Pellegrini pinx. N. Schinvonetti jun. fec.* 1794. aussi pointillé. Gr. in-fol. en t.

D. MANUEL, et D. JUAN CRUZ, deux artistes espagnols, apparamment deux frères, nés à Madrid vers 1750. et florissant dans la même ville en 1777. On ne connoît de ces artistes qu'une suite de douze figures de Modes espagnoles, numérotées et en pied, avec cette inscription: *Dibujado par D. Manuel de la Cruz. Gravado par D. Juan de la Cruz en Madrid*, Anno 1777. in-fol.

1. Le Chansonnier aveugle.
2. La Marchande d'Almanacs.
3. La Marchande d'Oranges.
4. Le Vendeur d'Orgeat.
5. Le Barbier élégant.
6. La Fille élégante.
7. Le Porteur d'eau.
8. La Paysanne des montagnes de Burgos.
9. Le Suppot de Justice, ou l'Algouacil.
10. La

10. La Paysanne.
11. L'Andolous.
12. Petite-Maîtresse dans le costume de la Semaine sainte.

FERNANDO SELMA, graveur au burin, natif en Espagne vers 1760. et florissant à Madrid en 1780. Cet artiste, excellent buriniste, doit avoir gravé quelques sujets pour le Don Quichotte espagnol qui a paru à Madrid. Du reste nous ne connoissons point d'autre estampe de lui que les deux belles pièces suivantes :

1. La Vierge, assise sur un piédestal; d'un côté St. Jérôme, et de l'autre Tobie conduit par l'Ange, ou la Madonna della Pesce, fameux tableau de l'Escurial. *Raphael pinx. Fernando Selma sc.* 1782. Gr. in-fol.
2. Une Vierge, en pied, d'après un tableau de Raphael. Gr. in-fol.

STEFAN COPPA, graveur à l'eau-forte et au burin, né en Italie vers 1750. et florissant à Rome vers 1776. Contemporain de Perini, il a gravé conjointement avec lui plusieurs Statues de la Galerie Clémentine. Parmi ses autres estampes je ne connois que le morceau suivant :

Le Sauveur à son Ascension, grande figure, entouré d'Anges, dont quelques-uns portent les instrumens de la

F. POZZI. M. CARLONI.

Passion; sujet de plafond d'un grand effet, exécuté à la Chapelle Sacchetti dans l'Eglise de St. Jean des Florentins à Rome. *Joan. Lanfranco pinx. Stef. Coppa sc.* Tr. gr. pièce en t.

FRANÇOIS POZZI, graveur à l'eau-forte et au burin, né à Rome vers 1750. et florissant dans la même ville en 1780. Il a gravé, conjointement avec Coppa et Perini, plusieurs Statues de la Galerie Clémentine. D'ailleurs je ne connois de lui que les deux morceaux suivans:

1. *Pius VI. Pont. Max. Fr. Pozzi sc.* Gr. in-fol.
2. L'Aurore, ayant quitté le vieux Thiton, paroît sur son char traîné par deux chevaux, et précédé des quatre heures du jour; belle composition du Guerchin, qui fait pendant avec l'Apollon du Guide, et qui porte pour titre: *Aurora, tabulam in pariete Ludovisianæ avitæ Villæ ad Montem Pincium a Joanne Francisco Barberio, Centensi, vulgo Guercino, pictam, nunc primum aere incisam Franciscus Pozzi.* 1780. h. 16. pouces, l. 34. pouces.

MARCO CARLONI, peintre et graveur à la pointe et au burin, né à Rome vers 1750. et florissant dans la même ville en 1780. Carloni a gravé, d'après les dessins de Fr. Smugliewiez, Peintre Polonois, toutes les peintures antiques à fresque, peintes dans les Chambres des Bains de Titus, ce qui forme une suite de

60. pièces, tr. gr. in-fol. en travers, chaque pièce avec une bordure particulière en arabesque. Voici les sujets de quelques-unes de ces pièces :

1. Sacrifice à Cérès.
2. Combat des Centaures et des Lapithes.
3. Adonis quitte Vénus et part pour la chasse, avec sa suite.
4. Sacrifice à Bacchus.
5. Sacrifice à Neptune.
6. Le jeune Papirius et sa Mere.
7. Noce d'Ulysse et de Pénélope.
8. Noce Aldobrandine.

Le même artiste a aussi gravé de même les anciennes peintures des Bains de Constantin à Rome; 12. pièces datées de 1780.

INNOCENT ALEXANDRE, ou ALLESSANDRI, graveur au lavis et au crayon, natif de Venise vers 1760. et marchand d'estampes établi en cette ville, associé avec Pietro Scataglia. Allessandri a appris la gravure chez le célèbre Bartolozzi, dans le tems que celui-ci demeuroit à Venise, et a gravé plusieurs sujets sous la direction de son maître et en société avec Scataglia.

1—4. Quatre arts libéraux, savoir: l'Astronomie, la Musique, la Géométrie et la Peinture, représentés en demi-figures, d'après Dominico Majotto. In fol.

5. La Vierge avec l'Ange Gardien et les Ames du Purgatoire, d'après le tableau de Seb. Ricci, qui est dans l'Ecole de l'Ange Gardien, aux Saints Apôtres à Venise. In-fol.
6. La Vierge dans sa Gloire, d'après un tableau de Piazetta, qui est dans l'Eglise de la Fava à Venise. In-fol.
7. Une Annonciation d'après Fr. le Moine, chez Wagner. In-fol.
8. Une Fuite en Egypte, d'après le même, chez le même. In-fol.
9. 10. Deux Paysages, représentant des contrées dans les terres de Venise, d'après M. Ricci. In-fol. en t.
11—22. Suite de douze Paysages; de même, d'après le même, gravée par Allessandro et Scataglia. In-fol. en t.
23. Recueil d'Animaux quadrupedes, en 200. morceaux, gravés et enluminés par Innocent Allessandro et Pietro Scataglia, divisés en quatre parties, avec une description de Lodovico Leschi.
24. Buste d'une jeune Femme tenant une miniature dans la main et ayant un Maure à côté d'elle. *Fr. Fontebasso inv. Id. fec.* Au crayon rouge. Gr. in-fol.
25. Buste d'une Femme, tenant un Pigeon dans la main, et ayant un Homme à côté d'elle. *Id. inv. Id. fec.*

RAPHAEL MORGHEN, dessinateur et graveur au burin, né à Naples vers 1760. Nous avons parlé ci-devant de Jean-Elie et de Philippe Morghen: nous présumons que Raphael est fils ou neveu de Philippe. Il apprit les élémens de la gravure dans le lieu de sa naissance. Puis il se rendit à Rome, où il eut le bonheur d'avoir pour maître et pour beau-pere Jean Volpato. Sous la direction de cet habile artiste il devint bientôt habile lui même. La beauté de son burin le fit connoître dans la république des arts. Depuis il a fait quelque séjour à Naples où on lui fit des propositions qu'il n'accepta pas. En 1792. il fut appellé à Florence où il prit des engagemens avec la Cour pour graver quelques uns des plus beaux tableaux de cette résidence. Il y débuta par la Modonna della Segiola de Raphael, vrai chef d'œuvre, dédié au Marquis Manfredini.

Volpato, disciple de Bartolozzi et maître de Morghen, a donné un nouveau relief à la gravure en Italie. Ces trois artistes, auxquels il faut ajouter Rosaspina de Bologne, feront cesser le reproche qu'on a fait aux Italiens de n'avoir point d'aussi habiles burinistes que les autres nations. Ils ont satisfait à cet égard à la plupart des demandes des juges de l'art. Quant à Morghen on lui fait pourtant le reproche de n'être pas égal, et de manquer quelquefois de correction.

R. Morghen.

Divers sujets, d'après différens maîtres.

1. La Vierge assise, tenant l'enfant Jésus sur ses genoux, et à côté de lui le petit St. Jean, d'après And. del Sarto, tableau du Cabinet du Comte de Fries à Vienne. In-fol.
2. La fameuse Vierge du Sac, nommée ainsi, parce que St. Joseph est assis sur un sac, d'après le même. Gr. in-fol. en t.
3. La fameuse Vierge du Siege, dite *la Seggiola*, de Florence, d'après Raphael. Gr. in-fol. très-belle estampe.
4. La Transfiguration, d'après le fameux tableau de Raphael. T. gr. in-fol.
5. La Vierge portant l'enfant Jésus sur le bras et tenant un livre ouvert que l'enfant désigne de la main, gravé chez Volpato par Morghen, d'après Fra Bartolomeo de San Marco, sur un dessin de D. Frate. In-fol.
6. Saint Jean dans le désert: *Ego vox Clamantis*, d'après le Guide. Gr. in-fol.
7. L'Aurore précédant Apollon sur son char, et accompagnée par les Heures, sujet peint par le Guide au Palais Rospigliosi. Tr. gr. pièce en t.
8. Le Tems faisant danser les Saisons, peint par le Poussin. Gr. in-fol. en t.
9. Le Repos dans la fuite en Egypte, peint par le même. Gr. in-fol.
10. La Sainte Famille, d'après le tableau peint par Rubens. Gr. in-fol.
11. François de Moncade, Duc d'Ossone à Cheval, peint par van Dyck, au Palais Braschi, pièce appellée le Cheval de van Dyck. Tr. gr. in-fol.

12. La Famille de Mylord Spenzer, belle composition, par Angelique Kauffman. Tr. gr. in-fol.
13. La Famille de Holstein Beck, autre belle composition d'Angélique Kauffman. Tr. gr. in-fol. faisant pendant avec les pièces précédentes.

Ces trois morceaux passent pour les chef-d'œuvres de Morghen.

14—17. Quatre sujets peints au Vatican, par Raphael: 1) La Poësie. 2) La Théologie. 3) La Philosophie. 4) La Justice. *R. Morghen sc. J. Volpato direxit.* In-fol.
18. La Poësie, figure jusqu'aux genoux, d'après Gavin Hamilton. Gr. in-fol.
19. La Peinture, de même, d'après le même. Pendant.
20. La Muse comique, peinte par Ang. Kauffman; petit. In-fol.
21. Angélique et Médor, tableau peint par Théodore Matteini. In-fol.
22. Diane, au retour de la chasse, donne une fête à ses Nymphes dans un beau paysage, d'après le Dominiquin, à la Galerie Borghese. Gr. in fol. en t.
23. Apollon et les Muses sur le Parnasse, tableau peint par Raphael Mengs, dans la Villa Albani. Tr. gr. in-fol. en t.
24. Le Miracle arrivé à la Messe de Bolsene, pièce des Loges du Vatican. *Raphael pinx. Morghen sculp.* Tr. gr. in-fol. en t.

Toutes les autres pièces de Loges sont gravées par Volpato.

25. Le jeune Thésée, vainqueur du Minotaure, d'après la Statue de marbre d'Antoine Canova, appartenant au Comte de Fries à Vienne. Gr. in-fol.

F. ROSASPINA.

FRANÇOIS ROSASPINA, dessinateur, graveur au burin, dans le goût du crayon et du lavis, né à Bologne vers 1760. S'étant rendu à Parme, Rosaspina se préparoit à graver le fameux St. Jérôme du Correge, lorsque ce tableau fut enlevé de cette ville et transporté au Musée de Paris. Aujourd'hui il est occupé à graver, en manière de crayon, une fameuse peinture à fresque du Correge, nouvellement découverte dans l'appartement intérieur d'une Abbaye de Religieuses à Parme. Elle date de l'an 1519. et elle doit son existence à Jeanne de Plaisance, son Abbesse, qui la fit exécuter dans son appartement par le peintre des Graces. Cette belle machine pittoresque représente Diane au retour de la chasse, montée sur un char doré et traîné par deux biches blanches, avec un grand nombre d'Amours et d'accessoires. La découverte n'en fut faite qu'en 1795. et ceux qui en prirent notice, furent Gaetano Calano, Biagio Martini, Peintre de l'Académie, Francesco Veira, Peintre Portugais, et Rosaspina.

C'est par les soins du célèbre imprimeur Bodoni de Parme, que les dessins de ces peintures paroitront en 34. planches, dont Rosaspina, pour satisfaire l'impatiente curiosité du public, vient de donner un premier essai.

Cet habile artiste a gravé divers sujets d'après des maîtres italiens d'un très-beau burin, entr'autres l'estampe suivante:

Un Amour debout, tendant son arc, d'après Franceschini; pièce gravée en 1787. sur un fond de paysage. Gr. in-fol.

On a aussi de lui une suite de 25. estampes dans le goût de crayon, et en clair-obscur, d'après les plus beaux dessins du Parmesan, dont les originaux se trouvent chez divers amateurs en Italie. Ces estampes sont exécutées d'un si bon goût et d'une si grande intelligence qu'on ne connoît rien de mieux dans ce genre de gravure. Cette suite a paru à Bologne sous le titre: *Celeberimi Francisci Mazzola Parmensis Graphides per Ludovicum Inig. Bononiæ collectæ editæque, Anno MDCCLXXXVIII.*

Voici les pièces les plus marquées de cette suite.

1. Le frontispice, avec le titre, représentant Vénus nue, couchée sur un lit et caressée par un Amour, au lavis en brun. Gr. in-fol.

2. La Vierge dans les nues avec l'enfant Jésus, de même exécution; petit in-fol.

3. Diane toute nue, accompagnée de deux Nymphes légèrement drapées et de deux Amours; elle est assise sur le devant de son char, traîné par deux dogues; au crayon rouge. In-fol. en t.

4. Sainte Cécile à son orgue, et deux Anges à son côté; au lavis et au crayon rouge. In-4.

5. La Vierge assise dans un paysage avec l'enfant Jésus tenu par Ste. Catherine agenouillée; derriere la Vierge on voit St. Joseph et St. Nicolas; au crayon rouge. In-fol.

6. La Nativité, où se voit l'Enfant dans la crèche, la Vierge prosternée, avec St. Joseph, parlant aux Bergers, qui apportent leurs offrandes; de même exécution. In-fol. en t.

7. La Vierge dans les airs sur des nues; au bas St. Nicolas et St. Sébastien, percé de flèches; au crayon noir. Gr. in-fol.

8. La Vierge sur un trône, tenant l'enfant Jésus, au bas St. Paul et St. Jérôme; au crayon noir, et lavé en camaïeu verdatre. Gr. in-fol.

9. Un Homme, qui fait une déclaration à une femme assise; pièce gravée dans le goût de la grosse plume, et lavée en camaïeu vert, espèce de brut pittoresque, qui ressemble à une taille de bois. Gr. in-fol.

10 Vénus au bain avec ses Nymphes, dans différentes attitudes, en clair-obscur d'un brun foncé. In-fol.

11. La Vierge assise, et Ste. Elisabeth agenouillée, tenant l'enfant Jésus debout sur un de ses genoux; derriere la Vierge deux especes d'Hermites; en camaïeux rougeatre. Gr. in-fol.

12. Jean-Baptiste baptisant Jésus dans les eaux du

Jourdain; grande composition, lavée au bistre, sur un fond verdâtre. Gr. in-fol.

13. Un Roi sur son trône, le sceptre en main, dans le costume oriental, donnant audience; peut-être Assuérus et Esther; beau camaïeu de couleur verdâtre. Gr. in-fol. en t.

NOVELLI et CUMANO, dessinateurs et graveurs à l'eau-forte, natifs de Venise vers 1760. et florissant dans la même ville en 1790. Ces deux artistes ont gravé conjointement une grande partie de l'œuvre de Rembrandt; et cela avec un esprit et une entente qui les distinguent avantageusement de la plupart des copistes et des imitateurs du maître hollandois. Cette suite est composée de plus de 100. pièces, tant grandes que petites. Plusieurs de ces copies sont faites avec tant d'intelligence qu'elles peuvent jouter avec les originaux, soit pour le goût, soit pour l'effet. Les amateurs peuvent se procurer à peu de frais les morceaux rares de Rembrandt, dont les bonnes épreuves deviennent tous les jours plus introuvables. Je ne rapporterai ici que les pièces que j'ai sous les yeux.

1. La Circoncision, gravée d'après le No. 47. marquée: *Rembrandt inv. Francesco Novelli inc.* In-8.

252 P. Du Cros et P. Montagnani.

2. Fuite en Egypte, d'après le No. 53. et d'après l'épreuve la plus rare. *Rembrandt. F. Novelli.* In-4.

3. Présentation au Temple, d'après le No. 50. Pièce d'un grand effet de clair-obscur, marquée: *Rembrandt inv. Cumana sc.* Gr. in-4.

4. Descente de Croix, d'après le No. 86. pièce de même exécution, marquée: *Rembrandt. Franc. Novelli 1790.* Gr. in-4.

5. Le Samaritain charitable, d'après le No. 77. Pièce gravée d'après une des premières épreuves de Rembrandt, où la queue du cheval se voit blanche. Cette copie, d'une savante exécution, est dédiée à Madame la Duchesse de Polignac. *Rembrandt. Francesco Novelli 1791. Venezia.* In-fol.

6. Joli morceau, nommé le Paysage au Carosse, du No. 207. de Rembrandt, exécuté au lavis et d'un bel effet de perspective. *Rt. Cumano sc.* h. 2 p. 4 l. l. 6 p. 5 l.

7. Joli Paysage montagneux, orné de chaumières, du No. 228. *Rt. inv. Cumano sc.* Petit in-4. en t.

8. Joli Paysage, d'après le No. 232. du Catalogue de Bartsch, pièce nommée la Chaumière entourée de planches. *Rt. inv. Cumano sc.* P. in-4. en t.

9. Paysage, nommé le Moulin de Rembrandt, d'après le No. 225. *Rt. inv. Cumano sc.* In-4. en t.

10. Très-beau morceau, connu sous le nom du Paysage aux trois arbres, copie qui ne le cède pas à l'original pour l'effet piquant; savante épreuve avant le nom des artistes. In-fol. en t.

PIERRE DU CROS et PAUL MONTAGNANI, établis à Rome. Le premier, peintre de la Suisse, est déjà connu par les belles Vues romaines, exécutées en couleur et en société avec Volpato; le second, artiste Romain, et marchand d'estampes, est exercé dans le même genre, tous deux capables d'amener leur entreprise à une bonne fin. Ces deux hommes, à la sollicitation de plusieurs amateurs de belles Vues, viennent de publier un petit prospectus dans lequel ils annoncent de donner au public par souscription 24. Vues de la Sicile et de l'Ile de Malthe. Le prix de la souscription, sur grand papier de Hollande, est de 4. sequins chacune, et quatre pièces à 6. sequins chacune.

Les éditeurs, pour rendre cet ouvrage plus intéressant, se proposent de donner une description succincte des divers morceaux, relativement à la partie historique, avec la liste des souscripteurs.

Vue du Royaume de Sicile et de l'Ile de Malthe.
1. Vue générale de Palerme, prise du Montréal.
2. Vue du Théâtre de Taurominum et de l'Etna.
3. Vue du Temple de la Concorde à Girgenti.
4. Vue latérale du Temple de Junon Lucinia.
5. Vue du Temple de Junon, premier plan, et celui de la Concorde, second plan.
6. Vue de l'Intérieur du Temple de la Concorde à Girgenti.
7. Vue du Sépulcre de Théron à Girgenti.

8. Vue du Temple d'Hercule à Girgenti.
9. Vue du Temple de Vulcain à Girgenti.
10. Vue du Temple d'Esculape.
11. Vue du Temple de Jupiter Olympien.
12. Vue de la Ville de Girgenti, ou d'Agrigentum moderne.
13. Vue de la Fontaine à Syracuse.
14. Vue de l'Oreille de Denis à Syracuse.
15. Vue de l'Amphithéatre de Syracuse.
16. Vue de la Palazzata de Messine.
17. Vue de l'Intérieur de la Ville de Messine, ruinée par le Tremblement de Terre de 1784.
18. Vue générale du Temple de Ségeste.
19. Vue latérale du Temple de Ségeste.
20. Vue de la Ville de Catagne ou Catanne, et de l'Etna.
21. Vue des fouilles de l'Amphithéatre à Catanne.
22. Vue du Temple de Jupiter à Selinonte.
23. Vue de la Cité Valette, ou Cité triomphante à Malthe.
24. Vue du Port aux Galeres et de l'Arsenal à Malthe.

PIERRE-PAUL MONTAGNANI, Marchand d'Estampes et de Mignatures à Rome, a publié un Catalogue des pièces de son fond, dont voici un précis :

1—52. La Suite des 52 tableaux de l'ancien Testament, y compris quatre pièces du nouveau, peints par Raphael dans les compartimens des treize voûtes des Loges du Vatican, au prix de 4 sequins chaque pièce, qu'on vend aussi séparément.

Les mêmes estampes, avec les bordures peintes

en arabesque et en or, dans le goût des originaux, se vendent 5. sequins la pièce.

Nous citerons encore du fond de Montagnani, de pareille exécution, les estampes suivantes, très-recherchées des amateurs :

53. L'Aurore précédant le Char du Soleil, par le Guide, dans le Palais Rospigliosi. 12 sequins.
54. La Nuit, peinte par le Guerchin dans le Jardin Ludovisi. 12 sequins.
55. Les Joueurs de Michel-Ange de Caravage, peints au Palais Barberini. 7 sequins.
56. La Galathé, peinte par Raphael, à la Farnesina. 12 sequins.
57. La Boulangere de Raphael, au Palais Barberini. 4 sequins.
58—61. Les quatre Sibylles de Raphael, à l'Eglise de la Paix. 10 sequins.
62. Les Noces d'Aléxandre et de Roxane, de Raphael, à la Villa du Marquis Olgiati. 10 sequins.
63. Les Noces Aldobrandines, d'après la peinture antique. 6 sequins.

Vues de Rome, en grandes feuilles, papier d'Hollande, à 3. sequins la pièce.

1. Vue du Temple de Janus.
2. Vue du Temple de la Concorde.
3. Vue du Forum de Nerva.
4. Vue du Colisée, ou de l'Amphithéatre de Flavien.
5. Vue du Panthéon.
6. Vue de l'Arc de Constantin.
7. Vue de l'Arc de Septime-Sévére.
8. Vue de l'Arc de Titus.

9. Vue du Tombeau de Cécilia Métella.
10. Vue du Temple de la Sibylle à Tivoli.
11. Vue du Capitole.
12. Vue des trois Colonnes du Temple de Jupiter Stator, avec la Vue du Forum Romanum.
13. Vue du Temple de Jupiter tonnant.
14. Vue du Temple de Cibéle.
15. Vue du Temple de la Paix.
16. Vue du Temple d'Antonin et de Faustine.
17. Vue du Théatre de Marcellus.
18. Vue de la Pyramide de Cestius.
19. Vue de la Colonne Trajane.
20. Vue de la Colonne Antonine.

GRAVEURS ITALIENS.

rangés par ordre chronologique.

    1424. Maso, ou Thomas Finiguerra.
    1426. Antoine Pollajuolo.
    1436. Baccio Baldini.
    1437. Sandro, ou Aléxandre Botticello, dit Filepepi.
    1451. André Mategna.
    1454. Jérôme Mocetto, ou Mocetus.
    1454. Nicolas de Modene, ou Nicoletto da Modena.
    1458. Benedetto Montagna.
I. 1460. Jean-Marie de Bresse, ou Brixensis.
    1460. Il Robetto, ou Rubetta.
II. 1461. Jean-Antoine de Bresse, dit Brixensis.
    1477. Tiziano Vecellj da Cadore, dit le Titien.
    1481. Baldassare Perruzzi, ou Baldassare Senese.
    1482. Dominique Campagnola.
    1484. Dominique Beccafumi, dit Micarino.
    1486. Ugo ou Hugo da Carpi.
    1487. Marc-Antoine Raimondi, dit Francia.
    1490. Augustin Venitien, ou de Musis.
    1496. Marc de Ravenne, Marco Ravignano.
    1498. Jules Bonasone, ou Bolognese.
I. 1498. Jean-Baptiste Franco, Semolco.
    1500. Nicolas Beatrice, ou Beatrizet.
    1500. Leo Daris, nommé communément Louis Daven, ou Louis d'Avesne.
    1500. Lucas Penni.
    1500. Francesco Marcolini.

1500. Batista Vicentino.
I. 1500. Jean-Baptiste Ghisi, Bertano ou Britano, dit le Mantuan.
1500. Antoine Salamanca.
1505. François Mazzuoli Parmeggiano, dit le Parmesan.
1506. Dominique del Barbiere, ou de la Barbiere.
1508. Antoine de Trente.
I. 1510. Nicolas Vicentino, autrement Boldrini.
II. 1510. Jean-Nicolas Vicentino, autrement Rosigliano.
1512. Antoine Lafrery.
1512. Jean-Jaques Caralius, ou Caraglio, nommé aussi Jacobus Veronensis.
1512. Jacques Robusti, dit le Tintoret.
I. 1512. Jean-Baptiste d'Angeli del Moro, surnommé Torbido.
1512. Aeneas Vicus Vico, ou Vighi.
1520. Jérôme Porro.
1520. Antoine Fantuzzi, ou Fontuzzi.
1522. André Schiavone, surnommé Meldolla.
1522. Paul Farinato, nommé degli Uberti.
II. 1524. George Ghisi, dit le Mantuan.
I. 1524. Jean-Baptista Fontana.
I. 1526. Christofano ou Christophe Bertelli.
II. 1526. Ferrando ou Ferdinand Bertelli.
III. 1526. Lucas Bertelli.
1528. Frederic Baroche.
1530. Baptista da Parma, ou Baptista Parmensis.
III. 1530. Adam Ghisi, dit Mantuano.
II. 1530. Marc Angelo del Moro, fils de Jean Baptiste.
1530. Gaspar ab Avibus, nommé aussi Gaspar Patavinus, et Gaspar Padovano.
1530. Jean-Baptiste de Cavaleriis.
1530. Cesar Vecellio.
1532. Paul Caliari, dit Paul Veronese.

1535. Joseph Porta, dit Salviati, della Grafagnano.
V. 1536. Diana Ghisi, Mantuana.
1536. Jules Sanuto, ou Sanutus.
1536. Dominique Vitus.
1540. Raphael Guidi.
1540. Barthelemi Passarotti.
1540. Marius Kartarus, ou Mario Kartaro.
1540. Andréa Andreani, dit Mantuano.
II. 1540. Dominique Marie Fontana.
1544. Jacques Palme, dit le Jeune.
1545. Jean-Baptiste Pagi.
1546. Dominique Pelegrino, dit Tibaldi.
I. 1546. Camille Procaccini.
II. 1548. Jules Cesar Procaccini.
1552. Cherubin Albert, Borghegiano.
1555. Venture Salimbene, dit Bevilaqua.
1555. Antoine Tempesta.
I. 1555. Louis Carrache.
II. 1557. Augustin Carrache.
1559. Louis Cardi, dit le Cigoli, ou Civoli.
III. 1560. Annibal Carrache.
II. 1560. Jean-Baptiste Franco.
1560. Bartholomé Schidone.
I. 1560. Christophe Coriolan.
1561. Martin Rota.
1561. Jean-Louis Valesio.
1563. François Vanni, ou Vannius.
1566. Jean Maggi, ou Magius.
1566. François Villamena.
1569. Michel-Ange Amerige, dit le Caravage.
I. 1570. Leonard Norsini, dit Parasole.
II. 1570. Isabelle Parasole, femme de Norsini.
III. 1570. Hieronima Parasole.
1573. Odoard, ou Edouard Fialetti.
1575. Guido Reni, ou le Guide.
1575. François Bricci, ou Brizzio.
1577. Oracio ou Horace Borgiani.

1580. Raphael Sciaminosi, ou Schiaminossi.
1581. Jean Lanfranc.
1581. Sisto Badolocchio, de la Famille de Rosa.
1582. Octavius Leoni.
1582. Remigio Cantagallina.
1584. Cesar Bassano.
1586. Lucas Ciamberlan.
II. 1590. Barthelemi Coriolan.
1590. Jean-François Barbieri, dit le Guerchin.
1590. Luciano Borzoni.
1591. Vespasien Strada.
1593. Joseph Ribera, dit l'Espagnolet.
IV. 1595. François Carrache, dit Franceschini.
IV. 1596. Jean-Baptiste Coriolan.
1598. Aléxandre Algarde, dit l'Algarde.
1598. Olivier Gatti.
1599. Jean-Baptiste Vanni.
1600. Jean-Baptiste Mercati.
1600. Giuseppe ou Joseph Cremonese.
I. 1600. Pierre Steffanoni.
1600. Jean Baptiste Pascalini.
1602. André Camassei.
1603. François Curti.
1604. Camille Congio, ou Cungius.
1605. Francesco Cozza.
1606. Jean-François Grimaldi.
I. 1607. Augustin Mittelli, ou Mettelli.
1609. Jules-Cesar Venenti.
1610. Pietro del Po.
1610. Simon Cantarini, nommé le Pesarese.
I. 1610. Jean-André Sirani.
1610. Etienne de la Belle, Stephano della Bella.
1610. Antoine-François Lucini.
1610. François Cozza.
I. 1611. Pierre Testa Lucchesini.
1611. Jules Carpioni.
1611. Hyacinthe Geminiani, ou Giminiani.

1611. Jean-Baptiste Bolognini.
1612. Lorenzo Loli.
1612. Frère Bonaventure Bisi.
I. 1613. Gaspre Dughet, dit le Poussin.
II. 1614. Jean Dughet.
1615. Salvator Rosa.
1616. Jean-Benoit Castiglione.
1616. Carlo Sacchi.
1616. Louis ou Aloysius Scaramuccia, dit le Perugin.
1617. Bernardin Capitelli.
1617. Jacques Piccini, ou Picini.
1618. Jean-Baptiste Galestruzzi.
1619. Jean-François Venturini.
1620. Jean-Baptiste Bonacina.
II. 1620. Jacques-Antoine Steffanoni.
1620. Jean-Baptiste Cavazza.
1621. Flaminio Torre.
I. 1621. Pierre-François Mola, ou le Mole.
II. 1622. Jean-Baptiste Mola.
1623. Dominique Marie Canuti.
1625. Carle Maratti.
1626. Alexandre Badiale.
1626. Carlo Cesio, ou Cesius.
1628. André Podesta.
1629. Laurent Pasinelli.
1630. Horace Brun, Bruni, ou Brunetti.
III. 1630. Therese-Maria Coriolana.
1632. Luc Jordan, ou Luca Giordano, dit fa Presto.
1632. Barthelemi Biscaïno.
1634. Laurent Tinti.
II. 1634. Joseph Marie Mitelli.
1635. Joseph Zarlatti.
I. 1635. Pietro Sante Bartoli, dit il Perugiano.
1636. François Vaccaro, ou Vaccari.
II. 1636. Jean-Cesare Testa.
M. S. a. Francesco Bartoli, fils de Pierre Sante.
1637. Matteo Piccioni.

II. 1638. Elisabeth Sirani.
1640. Jean-Baptiste Falda.
I. 1640. Jérôme Rossi, ou de Rubeis, dit le
vieux.
1648. Ambroise Besozzi, ou Besuzius.
I. 1649. Jean-Baptiste Testana.
II. 1650. Joseph Testana.
1650. Crescentius de Hunufris, ou de Onofriis.
1654. Jean-Joseph dal Sole.
1658. Vincent-Victoria, ou Vittoria.
1660. Jean-Jérôme Frezza.
1660. Antoine-Dominique Gabbiani.
1660. Joseph Diamantini.
1660. Joseph-Nicolas Nasini.
1660. Cesar Fantetti.
1660. Francesco Bruni, ou Bruno.
1662. Louis Mattioli.
1664. Guillaume da Leone.
1665. Lucas Carlevariis, dit Zenobio.
1665. Joseph-Marie Crespi, surnommé l'Espagnol.
1665. Pietro da Pietri, ou Pitri.
1665. Antoine Lorenzini.
S. D. Dominique-Marie Bonavera.
1666. Benoit Lutti.
1666. Antoine Balestra.
I. 1667. Côme Mogalli.
1667. Jacques-Marie Giovanini, ou Juvanius.
1667. André Procaccini.
1670. Jean-Dominique Picchianti.
1670. François-Antoine Meloni.
1674. Pierre Leon Ghezzi.
1675. Jacques Amiconi.
I. 1676. François Faraonius Aquila.
II. 1677. Pietro Aquila.
1680. Marco Ricci.
I. 1680. Antoine-Marie Zanetti, le vieux.
I. 1680. André Zucchi.
1681. François Fontebasso.

II. 1685. Jérôme Rossi, ou de Rubeis, dit le jeune.
1686. Carlo Carlone, ou Carloni.
1687. Jérôme Ferroni.
1690. Jean-Antoine Faldoni.
1690. Jean-Baptiste Pittoni.
1692. Antoine Baldi.
1692. André Magliar.
II. 1692. François Zucchi.
1692. Jean Dominique Campiglia.
I. 1697. Jean Baptiste Tiepolo.
1700. Julien Giampiccoli, ou Jampiccoli.
1700. François Polanzani ou Polansani.
1700. Antoine Luciani.
1700. Dominique Rosetti.
1703. Jean Marc Pitteri.
III. 1704. Laurent Zucchi.
1704. François Zuccarelli.
I. 1707. Jean Baptiste Piranesi ou Piranese.
1707. Pierre Comte de Rotari.
I. 1708. David Antoine Fossati, ou Fossato.
II. 1710. George Fossati, ou Fossato.
1712. Jacques Leonardis.
1712. Etienne Torelli.
1715. Michel Sorello.
1716. Jacques Guarana.
1718. Paul Pilaja.
1719. Nicolas et Antoine Billi, ou Billy.
I. 1719. Charles ou Carlo Gregorio, ou Gregori.
II. 1720. Antoine Marie Zanetti le jeune.
1720. Antoine Joseph Barbazza.
1720. André Casali.
I. 1721. Jean Elie Morghen.
1723. François Londonio.
II. 1723. Nicolas Mogalli.
1724. Charles Orsolini.
1724. Bernard ou Bernardin Bellotti dit Canaletto.
1724. Joseph Camerata.

1725. Bartolomeo Crivellari.
1725. Gaetano Gandolfi.
1726. Jean Baptiste Brostoloni, ou Brustoloni.
II. 1726. Jean Dominique Tiepolo.
III. S. D. Laurent Tiepolo.
1727. Benigne Brossi.
1727. Antoine Barratti.
1727. Pierre Campana.
I. 1727. Dominique Cunego.
1728. Joseph Canale.
1728. Julien Trabellesi.
1728. Fabius Berardi.
1729. François Allegrini.
1729. Carlo Faucci.
1730. Jean Baptiste Jacoboni.
1730. André Rossi.
1730. François Bartolozzi.
1730. Pierre Antoine Pazzi.
1730. Dominique Bernard Zillotti.
1730. Joseph Zocchi.
1730. Jean Cattini.
1732. Joseph Zucchi, ou Zocchi.
1732. François Casanova.
1732. Jean Baptiste Cipriani.
1733. Alexandre Longhi.
1735. Jean Ottaviani.
1736. Paul Fidanza.
1738. Pierre Monaco.
1738. Camille Tinti.
1738. Jean Volpato.
1739. Pierre Antoine Martini.
1740. Jean Vitalba.
II. 1740. Ferdinand Gregorio.
II. 1740. Philippe Morghen.
1740. Gajetan Vascellini, ou Vaccellini.
1740. Antoine Capellan.
1740. Antoine Zaballi ou Zabelli.
1740. N. N. Porporati.

1740. Emanuel Salvador Carmona.
1740. Pascal Pierre Moles.
1740. André Scacciati.
1741. Stefan Mulinari, ou Molinari.
1744. Vincent Vangelisti.
1745. Charles Dominique Melini.
II. 1748. François Piranese.
1748. Jean Baptiste Cecchi.
1748. Jean Perni.
1748. B. Pastorini.
1748. Angelo Campanella.
1748. Pierre Bettelini.
1750. C. Palmerius, ou Palmieri.
1750. Benedetto Eredi.
1750. Louis Schiavonetti.
1750. D. Manuel et D. Jean Cruz.
1750. Stephan Coppa.
1750. François Pozzi.
1750. Marco Carloni.
II. 1757. Aloysio Cunego.
III. 1760. Joseph Cunego.
1760. Fernando Selva.
1760. Innocent Alexandre, ou Allessandri.
1760. Raphael Morghen.
1760. François Rosaspina.
1760. Novelli et Cumano.
S. D. Pierre Ducros et Pierre Paul Montagnani.

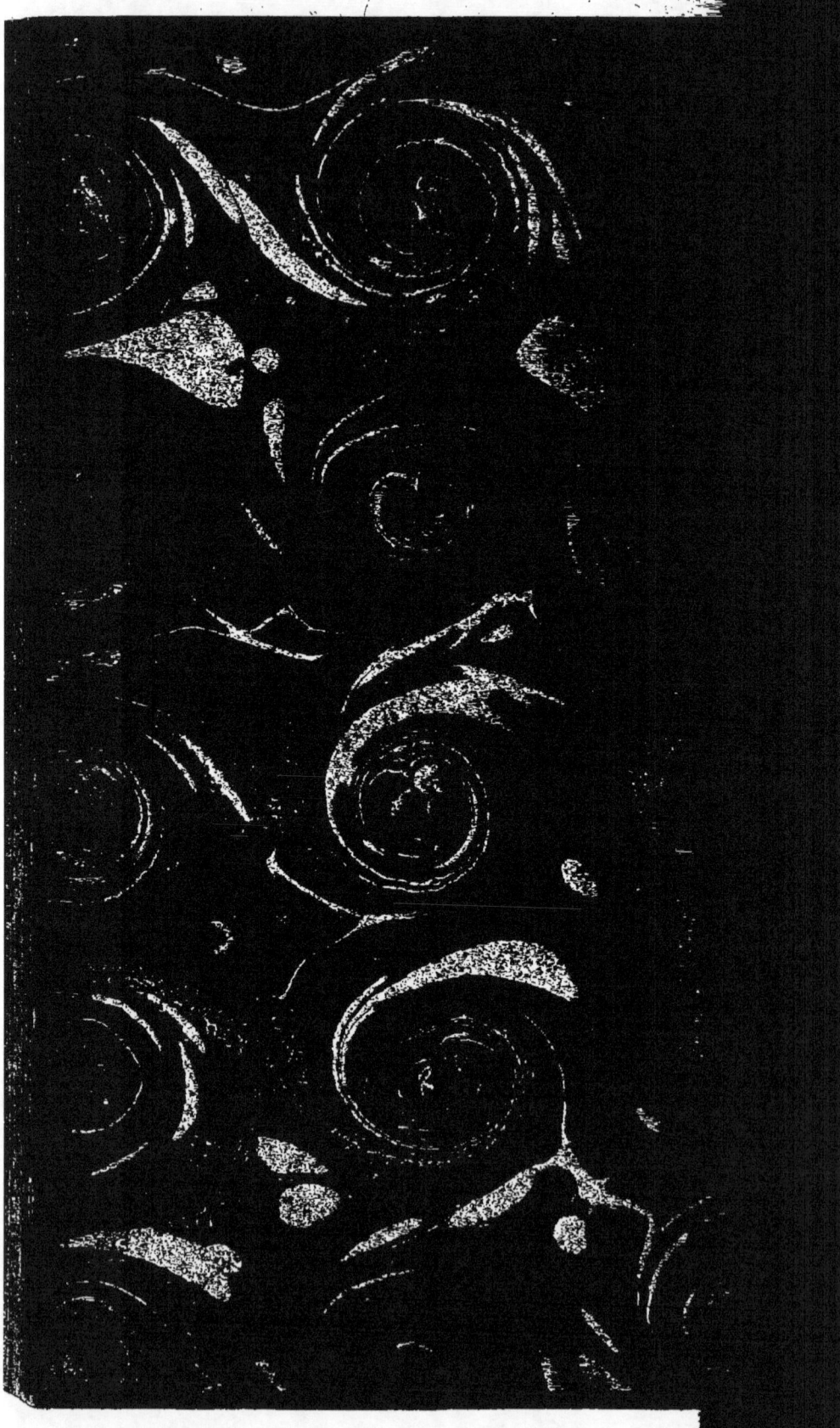

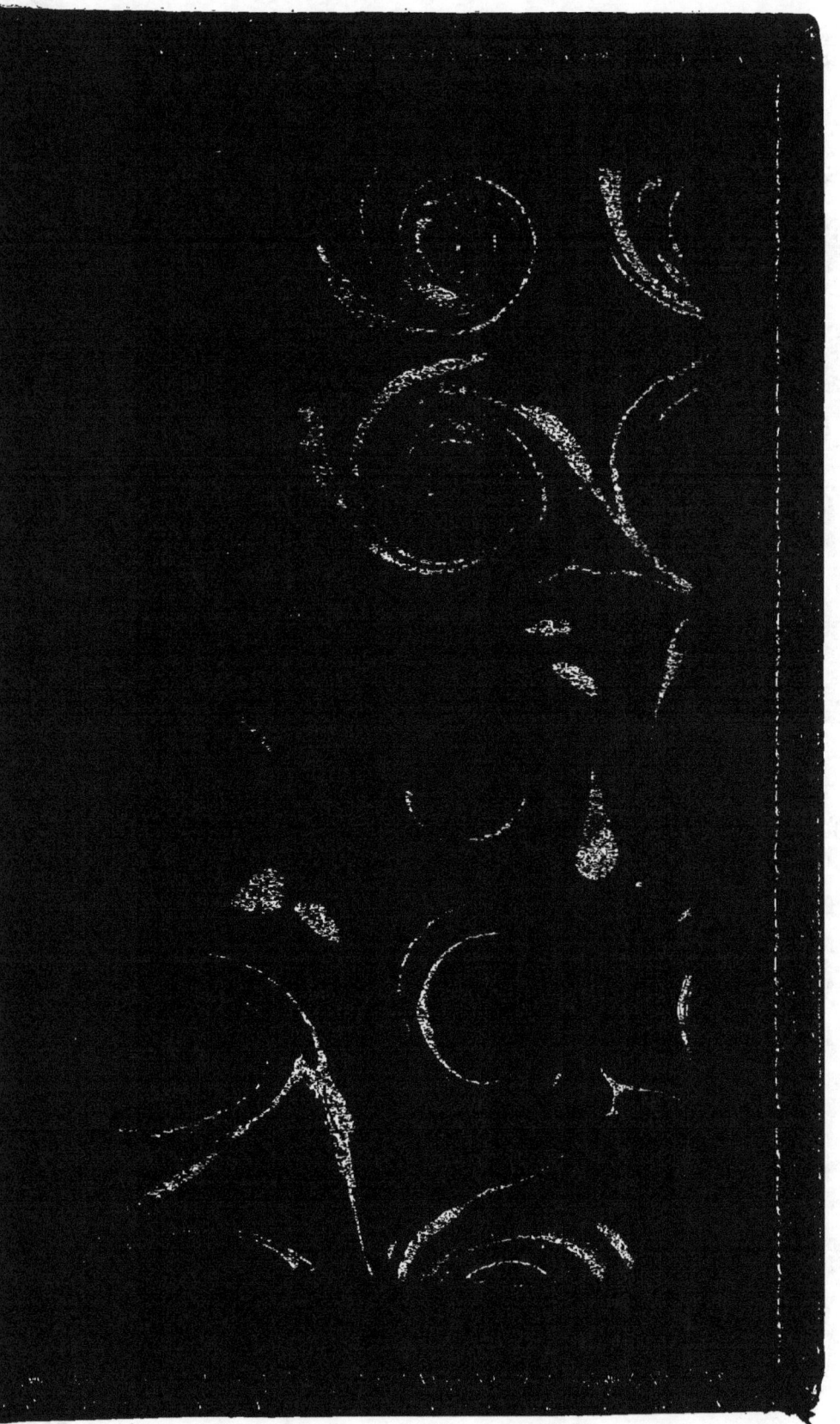

www.ingramcontent.com/pod-product-compliance
Lightning Source LLC
Chambersburg PA
CBHW050200230526
45470CB00001B/177